CNPC-LH31

中国石油广东石化组织史资料

第二卷

（2016—2020）

中国石油广东石化分公司人力资源部 | 编

石油工業出版社

图书在版编目（CIP）数据

中国石油广东石化组织史资料．第二卷，2016—2020 / 中国石油广东石化分公司人力资源部编．-- 北京：石油工业出版社，2024. 12. -- ISBN 978-7-5183-7290-4

Ⅰ．F426.22

中国国家版本馆 CIP 数据核字第 20248GV135 号

中国石油广东石化组织史资料　第二卷（2016—2020）

中国石油广东石化分公司人力资源部　编

项目统筹：白广田　马海峰

图书统筹：李廷璐

责任编辑：鲁　恒

责任校对：罗彩霞

出版发行：石油工业出版社

（北京市朝阳区安华里 2 区 1 号楼　100011）

网　址：www.petropub.com

编辑部：（010）64257021　64523611

图书营销中心：（010）64523731　64523633

印　　刷：北京中石油彩色印刷有限责任公司

2024 年 12 月第 1 版　2024 年 12 月第 1 次印刷

787×1092 毫米　开本：1/16　印张：13.75

字数：218 千字

定价：188.00 元

ISBN 978-7-5183-7290-4

《中国石油广东石化组织史资料》
编审委员会

《中国石油广东石化组织史资料》编纂人员名单

编纂领导小组

主　　编： 邹吉武

副 主 编： 刘京平　张学佳　洪伟鸿

编纂办公室

主　　任： 邹吉武

成　　员： 刘京平　张学佳　洪伟鸿　唐晓林　刘靖伟
曾黎明　赵建双　任慧敏　张衷维　王大江
王兴隆　李俊怡　徐志松　李增辉

前　言

以铜为鉴，可正衣冠；以史为鉴，可知兴替；以人为鉴，可明得失。企业的组织机构沿革和人事更迭情况，是企业发展史的一个重要组成部分。2013 年 5 月，根据中国石油天然气集团公司党组统一部署，广东石化分公司启动《中国石油广东石化组织史资料（2009—2015）》编纂工作。2017 年 9 月，该书正式出版，得到了广大干部员工的认可，希望能继续将广东石化分公司项目建设历程、组织机构沿革和人事更迭情况真实地记录和反映出来。2020 年 2 月，广东石化分公司全面启动《中国石油广东石化组织史资料．第二卷（2016—2020）》编纂工作，全面收集整理了广东石化分公司 2016 至 2020 年的组织发展脉络和领导更迭情况，力求全面系统、客观准确地记录广东石化分公司 5 年来组织工作发展历程。

2009 年 5 月，为落实中委能源一体化合作协议，优化炼油业务区域布局，股份公司决定，组建广东石化项目筹备组，筹建中委合资广东石化 2000 万吨 / 年重油加工项目。同年 12 月，成立中国石油天然气股份有限公司广东石化分公司，广东石化项目由筹备阶段转入全面建设时期。2017 年 12 月，确定了广东石化“炼油—芳烃—乙烯”炼化一体化方案，项目由原规划的 2000 万吨 / 年炼油改为“2000 万吨 / 年炼油 +260 万吨 / 年芳烃 +120 万吨 / 年乙烯”炼化一体化项目。2018 年 7 月，正式列入国家《石化产业规划布局方案》，由储备项目转为规划项目。同年 12 月，总投资 654 亿元的中委广东石化 2000 万吨炼化一体化项目建设启动开工。2019 年 6 月，集团公司批复通过广东石化炼化一体化项目工程建设总体部署，明确“炼油部分 2021 年年底前建成，化工部分 2022 年 3 月底前建成，力争 2022 年 6 月整体建成投产”的总体建设目标。

中委合资广东石化 2000 万吨 / 年重油加工工程（广东石化炼化一体化项目），是中国石油贯彻国家能源安全战略，利用“两种资源”，面向“两个市场”，建立上中下游一体化国际合作模式，建设世界一流综合性国际能源公司的重要举措。广东石化炼化一体化项目是中国石油迄今为止一次性投资建设规模最大的炼化一体化项目，批复可研投资 654 亿元人民币。项目建设规模为 2000 万吨 / 年炼油 +260 万吨 / 年芳烃 +120 万吨 / 年乙烯，共包括 41 套主体装置和 204 个主项单元，并配套建设 30 万吨原油码头及最大泊位 10 万吨的产品码头，占地 920 公顷。项目加工原料是具有高密度、高含硫、高氮、高残炭、高金属、高酸值“六高”特性的委内瑞拉超重劣质原油和中东混合原油。工艺装置 41 套，均采用国际先进加工工艺，以实现节能减排、清洁化和环境友好的目标。汽、柴油等产品全部达到国Ⅵ标准，化工产品主要采用专利商标准以满足下游用户和市场需求。

2016 年至 2020 年，广东石化分公司认真贯彻党的十八大、党的十九大以及历次全会精神，积极发扬大庆精神铁人精神，坚持以习近平新时代中国特色社会主义思想为指导，全面贯彻落实集团公司党组决策部署，坚持稳中求进工作总基调，坚持新发展理念，加快推进建设绿色、智能、效益型世界级炼化基地。广东石化项目建设经历了极不平凡的一段时期，面对合资合作久拖不决的瓶颈制约，面对项目建设进度延缓的现实挑战，公司上下深入贯彻集团公司党组决策部署，苦心孤诣、顽强拼搏，以乱云飞渡仍从容的定力，以咬定青山不放松的执着，以行百里者半九十的清醒，在逆势中奋发有为，在困境中打开局面，结合资源和市场的变化，深入开展方案优化论证，通过调结构、补短板，最终确定建设方案。2020 年，广东石化分公司项目建设全面提速，41 套主体装置和关键路径主项单元全部开工；化工区、炼油区一级地管施工基本结束；1058 台长周期设备订货全部完成；设计进度总体完成 72.2%；乙烯、芳烃、POX、公用工程“四个关键”按节点推进，形成了大干快上、全面提速的可喜局面。

编纂《中国石油广东石化组织史资料．第二卷（2016—2020）》，全面收集整理这一时期公司组织工作发展脉络，记录广东石化的建设发展历程，铭刻广东石化开疆拓土的建设者，对研究探索公司组织建设的规律、充实完善公司史志资料，具有十分重要的意义。希望本书作为企业管理和企业文化建设的重要基础性资料，发挥“资政、存史、育人、交流”的作用，希望广大干部员工能够从中汲取营养，牢记光荣使命、勇挑责任重担、弘扬石油精神，履职尽责、攻坚克难，高质量建成绿色、智能、效益型世界级炼化基地。

2020 年 12 月

凡　　例

一、本书是根据中国石油天然气集团公司下发的《〈中国石油组织史资料〉编纂工作方案》《〈中国石油组织史资料〉编纂技术规范》进行编纂的。

二、指导思想。本书以马列主义、毛泽东思想、邓小平理论、“三个代表”重要思想、科学发展观和习近平新时代中国特色社会主义思想为指导，坚持辩证唯物主义和历史唯物主义的立场、观点和方法，按照实事求是的原则和“广征、核准、精编、严审”的工作方针，全面客观记述广东石化分公司的组织演变发展历程和人事变动情况，发挥“资政、存史、育人、交流”的作用。

三、断限。本书收录上限始自 2016 年 1 月，下限断至 2020 年 12 月。

四、指代。本书中“集团公司”泛指中国石油天然气集团公司、中国石油天然气集团有限公司；“股份公司”指代中国石油天然气股份有限公司；“炼油与化工分公司”指代中国石油天然气股份有限公司炼油与化工分公司；广东石化分公司指代中国石油天然气股份有限公司广东石化分公司。

五、资料的收录范围。本书收录的资料主要包括组织机构沿革及领导成员名录；组织机构的设置及其变化，历任领导成员名录；组织人事统计资料、附录附表资料；组织人事大事纪要。按正文收录资料、附录附表资料两类分别收集。

组织机构沿革和领导成员名录按照下延一级的原则收录。组织机构沿革收录范围主要是依据行政隶属关系确定，具体包括组织机构的设置及其变化、各级组织的性质、职责及内设岗位、组织人事相关统计资料、相关工作表格、组织人事大事纪要；领导名录收录范围主要是按照干部管理权限确定，具体包括公司领导成员、各部门领导成员。

附录附表资料主要包括：组织机构名录和沿革图，集团公司技术专家人员名录，正高级职称人员名单，获集团公司、省部级表彰先进集体、先进个人名录以及历年人事劳资统计简表。

组织人事大事纪要主要收录重要机构的设置和人事任免、上级领导和地方主要领导来企业视察考察等重要事件。

六、资料的收录原则。党政组织机构较详，其他组织机构较略；组织机构及领导成员较详，其他资料较略。

七、编纂结构体例。本书为《中国石油广东石化组织史资料》第二卷，按章、节等层次进行编纂，以中国石油广东石化分公司领导机构、机关部门、直属单位、二级单位、附录分立五章；第六章按照大事纪要的编纂体例，分年度列条目编排。

八、本书资料编排。本书采用文字叙述、组织机构及领导成员名录、图表结合的编纂体例进行资料编排。文字叙述包括综述、分述和简述；组织机构及领导成员名录包括机构名称、沿革演变、内设机构、职务称谓、领导成员姓名、任职时间以及有关自然情况的注释等；图表包括机构沿革图、组织机构名录、人才队伍分类统计表等。

（一）组织机构沿革文字叙述的编排。本书文字叙述起连接机构、名录、图表的作用。

在全书之首，写有本书组织机构沿革综述。主要叙述该时期组织机构的基本简况、沿革变化及其历史背景、组织机构的调整等情况；本级组织在党的建设、干部和员工队伍建设、企业管理、企业文化建设中所采取的重大决策、重要措施和取得的成绩等内容。

在各章之首，写有本层次组织机构沿革情况概述或提要。主要是围绕本层次组织机构发展主线，采取编年纪事与本末纪事相结合的方式，简要概述本层次所涉及的组织机构调整、领导届次变化和组织机构的基本概况等。

在各节和目下，分别收编具体组织机构，第一部分为机构沿革简述，第二部分是领导成员名录。简述主要记述机构建立、撤销、分设、合并、更名、职能变化、业务划转、规格调整、体制调整的依据及结果，上级下属、内部机构设置及人员编制的变化情况，机构地址和规模、工作业绩等。

（二）组织机构的编排顺序。一般按机构成立时间先后顺序排列。领导机构，以党委、行政、纪委、工会先后编排；机关工作机构和部门，先收编机关部门，再收编业务部门。

（三）领导名录的编排顺序。一般按先正职（职级）后副职（职级）和任职时间先后的顺序分别排列。同时任职的，按任职文件中的顺序排列。领导班子中有其他相应职级干部的，依次排在领导班子成员名录后。

党内职务排序依次为正职、副职、委员。委员的排列按照选举产生或历史文献列定的顺序，后增补的按任职时间先后排列。行政职务排序一般为先正职、再副职、后总师。一人兼多职的，按不同职务序列名称分别编排。除上级部门领导兼任下级职务和“安全总监”职务标注“兼任”外其他同一人分别任不同职务序列和岗位职务时一般不标注“兼任”。本书领导名录编排顺序不代表班子成员实际排序。

（四）本书图表。附录中，收录有组织机构设置表和有关统计表等。

九、本书收录的领导成员资料包括其职务（含兼任）、姓名、任职起止年、月等人事状况。相关备注信息原则上在本书第一次出现时加注。

十、本书收录的组织机构及领导成员，均在其后括号内注明其成立存在或任职起止年、月。任职时间在同一年内的，标注下限时间省略年，写作（20××.×-×）；同一个月内的，任职时间只标注年月，写作（20××.×）；同一组织、同一领导成员，其存在或任职年月有两个或两个以上时段时，前后两个时期之间用“；”隔开；前后相沿，仅属组织名称改变的同一组织机构，前后两个组织机构名称之间均用“—”连接。收录的某一组织机构，在其存在时限内，其领导成员一直空缺，在职务后括号内写作“空缺”。

十一、组织机构设立和撤销时间，以管理部门正式发文为准；没有文件的，以领导任免为准。

十二、领导成员任离职时间，均以干部主管部门任免时间或完成法定聘任（选举）程序时间为准。属自然免职或无免职文件的，将下列情况作为离职时间：去世时间；被调离原单位的时间；办理离、退休手续的时间；副职升为正职的时间；随机构名称变更而职务变化的时间；刑事处分、行政处分和纪律处分的时间。

十三、本书对历史上的地域、组织、人物、事件等，均使用历史称谓。

十四、本书一律使用规范的简化字。采用公历纪年，年代、年、月、日和记数、计量、百分比均用阿拉伯数字。货币单位除特指外，均指人民币。

十五、本书资料收录的截止时间，不是组织机构和领导成员任职的终止时间。

十六、本书收录的资料，仅反映组织机构沿革、领导成员更迭变动和干部队伍发展变化的历史，不作为机构和干部个人职级待遇的依据。

十七、其他说明。涉及保密、敏感信息、未公开内容等信息，不在本书中出现。

目　　录

综 述

自1993年起，为保障国家能源安全，落实党中央提出的“两种资源”“两个市场”战略方针，集团公司确立了“立足国内、发展海外、实施国际化经营”的发展战略，实施跨国经营，快速发展国际业务。2001年，中国与委内瑞拉两国政府积极推动能源合作计划，至2007年，中委双方签署上中下游能源一体化合作协议，明确在中国建设炼厂。

2009年5月，为落实中委能源一体化合作协议，优化炼油业务区域布局，股份公司决定，组建广东石化项目筹备组，筹建中委合资广东石化2000万吨/年超重油加工项目；12月，根据广东石化项目建设与运营衔接需要，股份公司决定成立广东石化分公司，撤销广东石化项目筹备组。2011年，在集团公司、股份公司的推动下，中委双方签署合资公司设立框架协议；2012年4月20日，广东石化项目获得国家发展改革委核准，4月27日，项目在广东省揭阳市惠来县大南海工业园区奠基，正式开工建设。2017年12月，集团公司第二届董事会第十八次会议审议通过广东石化分公司炼化一体化报批版可行性研究报告，确定广东石化“炼油—芳烃—乙烯”炼化一体化方案，项目由原规划的2000万吨/年炼油改为“2000万吨/年炼油+260万吨/年芳烃+120万吨/年乙烯”炼化一体化项目。2018年7月，广东石化炼化一体化项目通过了国务院常务会议，正式列入国家《石化产业规划布局方案》，由储备项目转为规划项目；12月，总投资654亿元的中委广东石化2000万吨炼化一体化项目建设启动开工。

2016年至2020年期间，广东石化分公司深入贯彻集团公司党组优化炼化产业区域布局战略部署，结合资源和市场变化，确定炼化一体化建设方案。全面贯彻新发展理念，不忘初心、牢记使命，锚定高质量，建成绿色、智能、效益型世界级炼化基地目标，履职尽责、攻坚克难，全面加快项目建设。

一、机构沿革

（一）组织机构调整

根据股份公司机构设置批复，广东石化分公司采用扁平化管理模式科学设置组织机构。截至2016年1月1日，广东石化分公司设机关部门10个（不含生产运行部、POX合资工作组、空分合资工作组）：综合管理部（党委办公室）、人力资源部（党委组织部）、财务部、企管法规部、审计监察部（纪委办公室）、企业文化部（党群工作部）、计划控制部、商务部、工程管理部、设计管理部。直属单位5个：HSE中心、质量中心、生产准备中心、设备管理中心、信息中心（PMT10）。二级单位9个：生产运行一部（PMT1）、生产运行二部（PMT2）、生产运行三部（PMT3）、生产运行四部（PMT4）、生产运行五部（PMT5）、生产运行六部（PMT6）、生产运行七部（PMT7）、空分合资工作组（PMT8）、PMT9。在册员工863人，其中管理及专业技术人员206人，操作技能人员100人。

2016年6月，根据集团公司规划计划部工作部署安排，为加强组织领导，保证广东揭阳项目按期、优质推进，成立PMT11。

2018年9月，根据集团公司人事部《关于广东石化分公司机构编制调整的批复》精神，对组织机构进行调整完善。增设炼油生产四部、化工生产一部、化工生产二部；将生产运行六部调整为两个运行部，其中厂内储运设施分设后名称变更为储运生产部，厂外码头、中转库及配套设施分设为码头运行部；撤销空分合资工作组，相关业务划入公用工程统一管理；同时对原有机构名称按上下游关系进行相应调整，生产运行一部、生产运行二部、生产运行三部机构名称变更为炼油生产一部、炼油生产二部、炼油生产三部，生产运行四部更名为炼油生产五部，生产运行五部更名为公用工程部，原生产运行七部更名为POX运行部，项目管理组（PMT）名称进行相应调整、PMT9与PMT10合并更名为PMT12。此次调整后，共有组织机构27个，其中机关部门10个：综合管理部（党委办公室）、人力资源部（党委组织部）、审计监察部（纪委办公室）、企业文化部（党群工作部）、财务部、企管法规部、计划控制部、商务部、工程管理部、设计管理部；直属单位5个：生产准备中心、设备管理中心、HSE中心、质量中心、信息中心；二级单位12个：炼油生产一部、炼油生产二部、炼油生产三部、炼油生产四部、炼油生产五部、化工生产一部、化工生产二部、POX运行部、公用工程部、储运生产部、码头运行部、PMT12。

2019年2月，企业文化部（党群工作部）更名为企业文化部（党委宣传部），主要职责不变；12月，根据《中共中国石油天然气集团有限公司党组关于推进纪检监察体制改革的通知》精神，审计监察部（纪委办公室）更名为纪委办公室（审计部），部门职责不变。

2020年6月20日，下发《关于成立520万方原油商业储备库项目前期工作领导小组的通知》，成立520万立方米原油商业储备库项目前期工作领导小组。

截至2020年12月31日，广东石化分公司机构27个：综合管理部（党委办公室）、人力资源部（党委组织部）、纪委办公室（审计部）、企业文化部（党委宣传部）、财务部、企管法规部、计划控制部、商务部、工程管理部、设计管理部、生产准备中心、设备管理中心、HSE中心、质量中心、信息中心、炼油生产一部（PMT1）、炼油生产二部（PMT2）、炼油生产三部（PMT3）、炼油生产四部（PMT4）、炼油生产五部（PMT5）、化工生产一部（PMT6）、化工生产二部（PMT7）、POX运行部（PMT8）、公用工程部（PMT9）、储运生产部（PMT10）、码头运行部（PMT11）、PMT12。在册员工1707人，其中管理人员249人，专业技术人员228人，操作技能人员1230人。

（二）领导班子调整情况

2017年12月，经研究并商得中共广东省委同意，集团公司党组决定：胡张兴任广东石化分公司党委委员、纪委书记。

2018年7月，经研究并商得中共广东省委同意，集团公司党组决定：李景耀任广东石化分公司党委委员。股份公司决定：李景耀任广东石化分公司副总经理。

2018年10月，经研究并商得中共广东省委同意，集团公司党组决定：

陈俊豪[①]任广东石化分公司党委委员、书记，免去魏强的广东石化分公司党委书记、委员职务。股份公司决定：陈俊豪任广东石化分公司总经理，免去魏强的广东石化分公司总经理职务。

2020年3月，经研究并商得中共广东省委同意，集团公司党组决定：张维波、瞿宾业任广东石化分公司党委委员，免去于江林的广东石化分公司党委委员职务，调大港石化分公司工作。股份公司决定：张维波、瞿宾业任广东石化分公司副总经理，免去于江林的广东石化分公司副总经理职务。

2020年5月，经研究并商得中共广东省委同意，集团公司党组决定：免去于文魁的广东石化分公司党委委员职务。股份公司决定：免去于文魁的广东石化分公司财务总监督职务。

2020年8月，经研究并商得中共广东省委同意，集团公司党组决定：康志军任广东石化分公司党委委员、书记，免去陈俊豪的广东石化分公司党委书记、委员职务。股份公司决定：康志军任广东石化分公司总经理，免去陈俊豪的广东石化分公司总经理职务。

2020年11月，经研究并商得中共广东省委同意，集团公司党组决定：王利中任广东石化分公司党委委员。股份公司决定：王利中任广东石化分公司总会计师；李景耀任广东石化分公司安全总监，免去李锡均的广东石化分公司安全总监职务。

二、建设发展历程及主要成就

（一）建设发展历程

2016年2月26日，集团公司副总经理、党组成员、股份公司总裁到广东石油石化企业调研，听取广东石化等6家单位工作汇报，并对项目建设提出要求。中国石油与广东省政府签署以广东石化项目为主要内容的“十三五”战略合作协议。

2016年10月29日至11月1日，受炼油化工分公司委托，集团公司咨

① 2023年3月，陈俊豪涉嫌严重违纪违法，主动投案，接受纪律审查和监察调查。2024年被开除党籍、行政开除。

询中心组织专家及相关单位在广东石化分公司现场召开了关于《广东石化 2000 万吨 / 年重油加工工程项目总体建设方案优化调整研究报告》现场调研会。

2017 年 1 月 10 日至 11 日，中委双方在北京举行第十八次合资谈判会议，就运费、债务融资比例、硫化氢含量等关键问题达成一致意见，实现了合资合同等全部合资文件的小签。1 月 13 日，委内瑞拉广东石化项目协调人 Jimmy Delgado 及财务工程师 Jose Silva 赴项目现场参观交流，双方就合资公司成立的时间节点及前期准备工作进行了讨论。

2017 年 3 月 14 日，集团公司董事长办公会正式批准与委方签署合资合同。

2017 年 6 月 7 日，股份公司和委内瑞拉国家石油公司关于中委合资广东石化有限责任公司合资合同正式在北京签署。

2017 年 9 月 13 日至 14 日，广东石化炼化一体化项目可行性研究评估会在北京塔里木石油酒店召开。11 月 15 日，炼化一体化调整版可研在集团公司董事长办公会上获得审议通过。12 月 8 日，炼化一体化报批版可研获集团公司第二届董事会第十八次会议审议通过。

2018 年 1 月 8 日至 9 日，集团公司副总经理覃伟中到广东石化分公司调研，并现场组织召开广东石化 2000 万吨 / 年炼化一体化项目建设推进会。

2018 年 3 月 9 日，广东省政府与中国石油联合发文《关于商请支持调整广东石化项目建设内容并转为规划项目的函》上报国家发改委。

2018 年 4 月 18 日，集团公司党组副书记、总经理章建华到广东石化分公司调研，详细了解广东石化炼化一体化项目进展情况，看望慰问项目建设者。

2018 年 5 月 29 日，广东省发改委副主任蔡木灵到现场调研，协调推进项目加快核准、复建工作。

2018 年 7 月 2 日至 3 日，中国石油规划计划部会同炼油与化工分公司在北京中国石油大厦组织召开“广东石化炼化一体化项目总体设计和概算统一规定论证会”。

2018 年 7 月 11 日，广东省发改委组织专门会议，协调加快推进项目各项前期工作，形成了《加快推进中委广东石化项目前期工作协调会会议纪要》。

2018 年 7 月 16 日，广东省发改委复函揭阳市发改局，支持广东石化调整项目建设内容并加快开展项目前期工作。

2018 年 7 月 18 日、7 月 23 日，经国务院总理办公会议、国务院总理常务会议研究，广东石化炼化一体化项目正式列入国家石化产业规划。依据《政府核准的投资项目目录（2016 年本）》《广东省政府核准的投资项目目录（2017 年本）》等有关规定，广东石化炼化一体化项目由广东省发改委核准。

2018 年 8 月 16 日，取得广东省国土资源厅关于中委合资广东石化 2000 万吨年重油加工工程项目用地的预审意见。

2018 年 8 月 20 日至 23 日，集团公司环境工程评估中心在北京组织召开中委广东石化 2000 万吨 / 年重油加工工程变更环境影响报告书技术内审会。

2018 年 8 月 24 日，广东省常务副省长林少春召集广东省直有关部门、揭阳市政府召开广东石化炼化一体项目建设专题会。

2018 年 8 月 29 日，中国石油物资采购有限公司、广东石化分公司与美国 Honeywell UOP 公司在北京中国石油物资大厦进行了会晤，双方就共同加快推进相关工艺包引进工作达成共识，签署合作备忘录。

2018 年 8 月 30 日，取得广东省住房和城乡建设厅出具项目选址意见书。

2018 年 8 月 31 日，环境影响报告书上报生态环境部。

2018 年 9 月 11 日，炼油与化工分公司组织在北京召开《广东石化炼化一体化项目智能工厂总体设计》审查会。

2018 年 9 月 11 日至 17 日，广东省发改委进行项目核准公示。

2018 年 10 月 11 日，广东省水利厅水利水电技术中心在项目现场组织召开《中委广东石化 2000 万吨 / 年重油加工工程水土保持方案报告书（送审稿）》技术评审会。

2018 年 10 月 31 日，广东省发展和改革委员会印发粤发改产业函〔2018〕5524 号文件，正式批复中委广东石化 2000 万吨 / 年重油加工工程项目核准变更。

2018年12月4日，在广东省委书记，集团公司党组书记、董事长，广东省常务副省长，集团公司副总经理等领导的见证下，炼油与化工分公司高级副总经理，广东石化分公司党委书记、总经理与揭阳市市长共同签署合作协议。

2018年12月5日，中委广东石化2000万吨炼化一体化项目建设启动仪式在现场举行，标志着项目正式启动。

2018年12月19日至20日，炼油与化工分公司在项目现场组织召开广东石化炼化一体化项目推进会。

2018年12月26日，广东省委副书记、省长到广东石化分公司项目现场调研。

2019年1月20日至23日，揭阳市应急管理局在揭阳市组织召开中委广东石化2000万吨/年重油加工工程项目安全条件审查会。

2019年2月20日，炼油与化工分公司在北京组织召开了广东石化炼化一体化项目推进会。

2019年3月19日至22日，受生态环境部委托，生态环境部环境工程评估中心在北京组织召开中委广东石化2000万吨/年重油加工工程变更环境影响报告书技术评估会。

2019年3月22日，集团公司广东石化项目领导小组在北京召开广东石化项目群工程管理模式及广东石化智能化工厂顶层设计方案讨论会。

2019年3月27日，集团公司人事部和炼油与化工分公司在北京石油大厦共同组织召开广东石化项目用工调剂对接工作启动会。

2019年4月9日，集团公司规划计划部下发"石油炼化〔2019〕95号"文件，对广东石化炼化一体化项目总体设计方案给予批复，项目建设突破重要里程碑节点。

2019年4月23日至24日，集团公司副总经理、安全总监到广东石化分公司调研，并在现场主持召开广东石化炼化一体化项目建设推进会。

2019年4月25日至29日，炼油与化工分公司第二体系审核组10人对广东石化分公司开展QHSE体系审核。

2019年5月30日，广东省副省长到项目现场调研，并召开座谈会，详细了解了广东石化项目群进展情况，强调参建各方要合力加快推动广东石化项目群建设。

2019 年 6 月 4 日，揭阳市应急管理局印发《危险化学品建设项目安全条件审查意见书》，标志着广东石化炼化一体化项目安全评价正式获得批复。

2019 年 6 月 3 日，国家生态环境部印发《关于中委广东石化 2000 万吨 / 年重油加工工程变更环境影响报告书的批复》，标志着“2000 万吨 / 年炼油 +260 万吨 / 年芳烃 +120 万吨 / 年乙烯”广东石化炼化一体化项目环评正式获得批复。

2019 年 6 月 18 日，炼油与化工分公司在北京组织召开广东石化炼化一体化项目工程建设总体部署审查会，会议一次性审议通过《总体部署》。

2019 年 6 月 30 日，广东石化炼化一体化项目炼油装置开工仪式在现场举行，这标志着项目现场实质性复工全面启动。

2019 年 9 月 12 日，生态环境部网站发布《关于设立江苏盐城滨海港区临时性海洋倾倒区等 3 个临时性海洋倾倒区的公告》，明确“设立的揭阳前詹南临时性海洋倾倒区，可用于处置广东石化项目码头工程建设产生的约 1100 万立方米疏浚物”，标志着码头工程疏浚物临时性海洋倾倒区顺利通过生态环境部批复。

2019 年 9 月 18 日，集团公司党组成员、总会计师到公司调研。

2019 年 11 月 6 日至 7 日，集团公司党组成员、副总经理到广东石化炼化一体化项目建设现场开展调研。

2019 年 11 月 15 日，由南方日报、羊城晚报、南方都市报以及广州、深圳、揭阳市属主要媒体等省市级新闻单位 20 余名记者组成的采访团到项目现场进行集中采访。

2019 年 11 月 19 日，公司炼化一体化项目化工区建设用地移交仪式在公司举行。

2019 年 12 月 3 日，炼油与化工分公司党委委员、副总经理到广东石化项目现场调研。

2019 年 12 月 5 日，公司与中国移动通信集团广东有限公司揭阳分公司签署 5G+ 智慧厂区战略合作框架协议。

2019 年 12 月 16 日至 17 日，股份公司副总裁，炼油与化工分公司总经理、党委书记等 4 人来公司现场，调研炼化一体化项目建设推进情况，组织召开工程建设调度会研究影响制约项目建设的相关事项，并对下步工作提出要求。

2019 年 12 月 27 日，广东石化炼化一体化项目化工区开工仪式在项目化工区现场隆重举行，标志着项目建设进入全面开工阶段。

2020 年 1 月 13 日，公司炼化一体化项目加快建设入选中国石油十大新闻。

2020 年 1 月 18 日，集团公司党组成员、副总经理、安全总监，炼油与化工分公司党委委员、副总经理来到广东石化项目建设现场，为建设者送来了亲切的问候，并赠送了慰问金和慰问品。

2020 年 2 月 24 日，广东石化炼化一体化项目长输管线工程土地交接仪式在现场临时办公区举行。

2020 年 3 月 25 日，广东石化项目长输管线龙江改河定向钻穿越工程开工仪式在项目建设现场钻入点举行。

2020 年 3 月 30 日，揭阳市交通运输局印发《揭阳市交通局关于中委广东石化 2000 万吨 / 年重油加工工程项目配套码头工程安全条件审查的批复》，标志着原油码头及产品码头工程安评报告正式获得批复，为项目合规建设提供有力支持。

2020 年 6 月 22 日，广东省副省长来项目原油码头建设现场、化工区建设现场以及揭阳 LNG 选址现场和疏港铁路支线选址处进行调研。

2020 年 7 月 21 日，广东省委副书记、省长到项目建设现场进行调研，详细了解项目概况和工程建设进度情况，并现场办公，解决火炬区因林地产权问题而影响动工的难题。

2020 年 7 月 22 日，寰球工程公司党委书记、执行董事到项目现场调研。

2020 年 7 月 28 日，广东省交通运输厅在广东省广州市组织召开中委广东石化 2000 万吨 / 年重油加工工程配套码头工程调整初步设计审查会。

2020 年 7 月 29 日，广东省自然资源厅党组副书记、省林业局局长到项目火炬区现场调研，协调解决广东石化火炬区林地经营权属问题。

2020 年 7 月 30 日，集团公司物装部、炼化分公司、采购中心有关领导组成的炼化工程建设项目采购协调小组在广东石化项目现场召开物资采购调研会，协调解决物资采购相关工作。

2020年7月31日，公司党委书记、总经理带队赴中油国际事业公司对接落实原油采买相关事宜，双方围绕原油采买的政策性、技术性、商务性和稳定性等进行了深入交流和广泛研讨。

2020年9月15日至16日，集团公司工程和物装管理部总经理带队，炼油与化工分公司副总经理、物资有限公司常务副主任等有关领导组成的项目调研小组，就工程管理业务与重点工程情况开展调研，调研组对工程建设中存在问题以及解决措施进行了详细分析研讨，对相关工作进行了安排部署。

2020年9月18日，交通运输部在北京组织召开《广东石化炼化一体化项目原油码头、产品码头工程航道通航条件影响评价报告》专家评审会；同日，中共中央政治局委员、广东省委书记李希到公司调研，现场查看了项目建设现场，并到大南海石化工业区招商规划展示馆，听取了广东石化分公司党委书记、总经理康志军关于项目简况及建设历程、项目总体进展工作汇报。

2020年10月20日，公司党委书记、总经理康志军与来公司调研交流的沈鼓集团总经理马诚座谈，双方就机组交货期、制造进度、合同进度款、进口配套件交付等工作进行了交流。

2020年10月30日，公司党委书记、总经理康志军与到访的国家石油管网华南分公司党委书记交流座谈，双方围绕石油产品管网运输等合作等事宜交换了意见。

（二）主要成就

广东石化分公司从原规划的2000万吨/年炼油重油加工项目变更为“2000万吨/年炼油+260万吨/年芳烃+120万吨/年乙烯”炼化一体化项目，面对复杂多变的形势和艰巨繁重的任务，公司上下以习近平新时代中国特色社会主义思想和党的十九大精神为指引，认真贯彻落实集团公司党组决策部署，牢固树立将项目建设成为“加工两种资源、面向两个市场的具有国际竞争力的绿色、智能、效益型世界级炼化基地”的信心和决心，多点发力推进项目建设，步入全面发展的快车道，取得项目高质量建设的阶段性成果。

1. 集中力量攻克难关，项目建设优化成果显著

一是合资谈判画上句点。经过长达 8 年的合资谈判，在总部相关部门的大力支持下，2017 年 1 月 11 日，中委双方在北京举行了第十八轮合资谈判，双方对合资合同所有内容达成一致，实现小签。二是项目建设方案确定。在集团公司领导、总部部门和炼油与化工分公司的正确指导下、在设计单位全力配合支持下，广东石化分公司深入开展调研，对比多个方案，明确“建成国内加工高硫、含酸、重质原油的绿色智能效益型国际化炼化一体化加工基地”的建设目标，形成“2000 万吨 / 年炼油 +260 万吨 / 年芳烃 +120 万吨 / 年乙烯”的炼化一体化方案。项目建设方案最终获得集团公司董事长办公会和第二届董事会第十八次会议审议通过；项目可研报告顺利通过决策程序是项目推进的关键，为广东石化炼化一体化项目建设揭开崭新的一页。三是项目建设批复重启。2018 年 7 月 23 日，中委广东石化 2000 万吨炼化一体化项通过国务院常务会议审议，正式列入国家石化产业规划布局；10 月 31 日，项目变更获得广东省发改委核准；12 月 5 日，项目建设正式启动。

2. 夯实工程建设基础，项目建设高质量推进

一是管控模式不断优化。深入落实集团公司和炼油与化工分公司总体部署，加强项目管控体系顶层设计，形成了“IPMT+EPC+ 监理”管理模式，确定了“强业主、严监理、实 EPC”管理思路，为项目顺利推进提供坚强的组织保障。二是“五化”管理持续推进。将“五化”工作要求落实到项目总体部署及 EPC 合同中，完成竣工资料全数字化移交及在线归档试点项目方案策划、系统功能设计及部分功能开发、项目信息化管理体系策划及平台建设升级工作，为数字化管理奠定基础。三是制度流程不断完善。根据项目建设方案调整及法律法规、行业标准变化，修订完善《项目管理手册》，基本实现管理制度化、制度流程化、流程表单化、表单信息化，为项目高标准起步、高水平建设提供依据。

3. 突出工程建设管控，项目建设提质提速

一是设计管理持续加强。截至 2020 年 12 月，40 套采购工艺包全部完成交付，全项目 204 项主项单元基础设计完成批复，详细设计总体进度完成率 72%，设计工作扎实有力。二是物资采购快速推进。截至 2020 年 12 月，

项目设备总数 1.59 万台，订货完成率 83%；1058 台长周期设备订货全部完成；甲定乙采设备 9183 台，完成合同签订 9129 台，完成率 99.4%；进口非长周期设备 3674 台，完成合同签订 1569 台，完成率 42.7%，物资采购取得实质性进展。三是现场施工全面提速。截至 2020 年 12 月，204 个 EPC 合同主项已开工 166 项，开工率 81.4%，化工区场平、强夯全面完成，实现场地移交，桩基施工完成率 77.8%，混凝土施工完成率 39.6%，全厂一级地管施工全部完成，乙烯、芳烃、POX、公用工程等重点工程取得关键性突破，现场承包商、施工及监理人员达 1.7 万余人，施工机械 3100 余台，大干快上的建设热潮全面掀起。四是 QHSE 体系逐步完善。坚持“打造优质工程、标杆工程、阳光工程”目标不动摇，加强项目全过程安全、质量管控，建立健全工程质量、安全全覆盖 QHSE 管控运行体系，进一步落实业主、监理、总包、施工单位职责，形成了权责明晰、分工负责、齐抓共管、立体覆盖的管控网络。五是生产准备持续深化。完成《生产准备工作大纲》编制，启动试车生产方案编制，突出操服人员培训，组织 1187 名员工在 8 个实习地进行跟班实习，为项目开工奠定了基础。

4. 着力落实人才战略，队伍力量显著增强

一是组织机构持续优化。按照项目建设阶段和生产运行阶段用工特点，持续优化完善组织机构，截至 2020 年 12 月，公司共设 10 个部门、5 个中心、12 个 PMT 和 1 个受托管理单位。二是队伍基础不断提升。按照“结构合理、专业优先、素质过硬、群众认可”的原则，配齐配强中层干部队伍，基本完成一般管理和专业技术人才引进及首次聘任工作，持续加大操作骨干调剂力度，五年来共引进各类人员 840 余人，员工队伍有效充实。三是绩效考核深入改革。以收入分配“向骨干倾斜、向一线倾斜、向贡献大的岗位倾斜”为原则，广大干部员工干事创业积极性得到充分调动，人心思干、积极向上的干事创业作风逐步形成。

5. 坚定践行全面从严，党的建设持续深化

一是领导作用全面落实。公司党委认真落实“把方向、管大局、保落实”职能，持续推进党的领导与公司治理有机统一，修订完善公司“三重一大”决策制度，将党委研究讨论作为总经理办公会决策的前置程序，党的领导作用更加坚强。二是持续优化基层组织体系。截至 2020 年 12 月，公司党

委调整成立26个党支部，确保“四同时、四对接”工作落实到位。三是主题教育成效显著。分两批开展“不忘初心、牢记使命”主题教育，公司党委找准制约项目建设和公司发展的症结，积极推动十大举措落实，进一步坚定项目建设者的初心使命，全面激发干事创业活力。四是基层建设得到夯实。修订完善《党建工作责任制实施办法》《党组织工作经费使用和管理办法》《党支部党建责任考核暨达标晋级管理办法》《党支部书记抓基层党建工作述职评议考核实施细则》等制度，发布《党支部工作手册》，以“夯基础、筑堡垒”为重点，让党建工作成为项目高标准高质量实施的导航仪、融合剂和稳定器，广东石化分公司荣获广东省“五一劳动奖状”、集团公司党建信息化平台推广“先进单位”荣誉称号。五是政治生态更加清正。深入落实“两个责任”，常态化开展警示教育，建立专项监督常态长效机制，推动全面从严治党向纵深发展、向基层延伸，形成有力震慑，为项目建设营造了风清气正的发展环境。

三、班子建设与员工队伍建设

广东石化分公司始终全面贯彻以人为本的发展理念，持续推进职业化员工队伍建设，以项目高质量建设为核心，围绕优化组织机构设置、岗位人员定编、提升全员素质、强化薪酬分配激励约束、加强人事管理等方面开展工作，不断深化改革，提升人事管理水平，充分调动广大干部员工积极投身于炼化一体化项目建设热潮中，营造良好的干事创业氛围。

（一）突出引新提质，人才队伍建设持续提升

一是人才引进持续取得新突破。在集团公司、炼化板块和兄弟企业的大力支持下，通过系统内公开招聘、猎头公司推荐、毕业生春季招聘等方式，五年来引进中层管理干部48人，一般管理及专业人员183人，操作骨干438人，招聘大学生662人，为项目高质量建设提供了坚强的人才保障。二是定岗定编工作持续推进。按照项目建设阶段和生产运行阶段用工特点，持续完善机构和编制定员，按照新建项目新体制、新机制、高标准、高起点要求，严控在编总量，确定生产经营阶段编制定员；根据项目建设进度，基

本完成一般管理和专业技术岗位首次聘任工作，建设一支专业化职业化的技术队伍。三是绩效考核持续深入改革。以收入分配“向骨干倾斜、向一线倾斜、向贡献大的岗位倾斜”为原则，发布实施公司绩效考核方案，持续拉大收入差距，充分体现收入凭贡献的理念，有效调动广大干部员工工作热情。

（二）精准选贤任能，干部队伍素质持续增强

一是领导班子建设持续加强。根据项目建设实际，结合集团公司选人用人巡视检查反馈意见，先后印发《中层领导管理人员管理办法》《中层领导人员绩效考核方案》《中层领导人员选拔任用工作规范》《对不担当不作为领导人员进行组织处理的管理办法》等制度，强化中层领导人员考核结果应用，不断优化完善中层管理干部队伍。二是领导班子建设持续深化。按照“公开招聘一批、选拔提升一批、岗位轮换一批、下一层级储备一批”的原则，进一步选优配强“一把手”，稳步推进中层领导班子和干部队伍建设，实现“党政一肩挑”模式，将部门的工作重点与党建工作相结合，实现党的建设、项目建设一手抓、全过硬。三是领导班子建设持续升华。进一步建立健全领导干部监督管理工作，建立提醒谈话、诫勉谈话制度，进一步深化反腐倡廉机制，加大查处力度，着力营造风清气正的政治生态。

（三）注重能力提升，员工技能本领持续加强

一是员工培训工作持续靠实。依托实习兄弟单位，助力培训深度，突出实战能力培训，加强实习培训管理，5 年来完成各类培训项目 482 项，累计培训 3 万余人次，有效提升了广大员工队伍素质。二是员工技能水平持续提升。通岗轮训，极推广和运用一人多技机制，通过师带徒、加大岗位练兵以及传、帮、带，积极培养“精一岗、会多岗、人人通岗”，形成“一人多岗、一人多技、一岗多能”的机制，营造出“比、学、赶、帮、超”的良性竞争氛围，组织参加集团公司 2020 年 500 万吨 / 年炼油企业常减压蒸馏装置操作工职业技能竞赛，勇夺团体第三名，3 名选手获个人银牌的佳绩。三是员工技能等级持续晋升。合理规划职业技能人才职业生涯晋升方案，配合职业技能鉴定、评先评优等激励手段，激励员工每天一进步，每月一跨步，在班组内营造互帮互学、争先创优的气氛，调动大家学习的主动性。

四、党的建设和企业文化建设

2012年12月，集团公司党组决定：成立中共广东石化分公司委员会。截至2016年1月1日，广东石化分公司党委下属10个党支部、1个党总支。

2016年9月，公司党委决定：成立广西实习管理部党支部。

2016年12月，公司机关第一党支部、机关第二党支部、生产运行一部党支部、生产运行二部党支部、生产运行三部党支部、生产运行四部党支部、生产运行五部党支部、生产运行六部党支部、生产运行七部党支部等9个基层党支部完成了党支部换届选举工作，选举产生了新一届支部委员和党支部书记。

2017年12月，公司党委决定：成立云南实习管理部党支部；撤销四川实习管理部党总支和广西实习管理部党支部。

2018年4月，公司党委决定：撤销机关第一党支部、机关第二党支部、工程管理部党支部；成立综合计划党支部、人事财务党支部、纪检党群党支部、商务部党支部、HSE中心党支部、生产准备中心党支部、设备管理中心党支部、设计质量信息党支部、企管空分PMT11党支部、工程PMT9党支部等10个党支部。

2018年7月，公司党委决定：成立实习管理部党支部，撤销云南实习管理部党支部。

2018年9月，公司党委决定：生产运行一部党支部更名为炼油生产一部党支部，生产运行二部党支部更名为炼油生产二部党支部，生产运行三部党支部更名为炼油生产三部党支部，生产运行四部党支部更名为炼油生产五部党支部，生产运行五部党支部更名为公用工程部党支部，生产运行六部党支部更名为储运码头党支部，组成部门为储运生产部和码头运行部，生产运行七部党支部更名为POX运行部党支部，工程PMT9党支部更名为工程PMT12党支部；成立芳烃化工党支部，组成部门为炼油生产四部、化工生产一部和化工生产二部。

2020年2月，公司党委决定：成立四川、云南、广西、独山子、茂名实习管理部临时党支部，同时撤销实习管理部党支部。

2020 年 2 月，公司党委决定：撤销综合计划党支部、人事财务党支部、纪检党群党支部、设计质量信息党支部、储运码头党支部、芳烃化工党支部等 7 个联合党支部；新成立综合管理部党支部、计划控制部党支部、人力资源部党支部、财务部党支部、纪委办公室党支部、企业文化部党支部、设计质量党支部、信息中心党支部、企管法规部党支部、储运生产部党支部、码头运行部党支部、炼油生产四部党支部、化工生产一部党支部、化工生产二部党支部等 15 个党支部。

此次调整后，公司党委共有直属基层党组织 31 个，其中正式党支部 26 个：综合管理部党支部、人力资源部党支部、财务部党支部、企管法规部党支部、纪委办公室党支部、企业文化部党支部、计划控制部党支部、商务部党支部、工程 PMT12 党支部、设计质量党支部、HSE 中心党支部、生产准备中心党支部、设备管理中心党支部、信息中心党支部、炼油生产一部党支部、炼油生产二部党支部、炼油生产三部党支部、炼油生产四部党支部、炼油生产五部党支部、化工生产一部党支部、化工生产二部党支部、POX 运行部党支部、公用工程部党支部、储运生产部党支部、码头运行部党支部等；临时党支部 5 个：四川实习管理部临时党支部、云南实习管理部临时党支部、广西实习管理部临时党支部、独山子实习管理部临时党支部、茂名实习管理部临时党支部。

公司党委在集团公司党组的正确领导下，立足于“围绕项目抓党建、抓好党建促项目”，以“两学一做”“不忘初心、牢记使命”“战严冬、转观念、勇担当、上台阶”等主题教育为契机，以项目高质量建设为重点，全面推进党的建设，找准党建工作发力点，建立健全党建工作责任制，创新丰富工作载体，进一步延伸党建工作触角；以“夯基础、筑堡垒”为重点，让党建工作成为项目高标准高质量实施的导航仪、融合剂和稳定器，凝心聚力、加压奋进、主动出击、攻坚克难，众志成城战疫情、全力以赴推项目，着力破解制约项目建设难点，多措并举不断加快炼化一体化项目建设步伐，进一步压实目标任务。

（一）突出党的政治建设，把准项目高质量建设航向

一是坚持正确政治方向，坚决践行“两个维护”。广东石化分公司党委坚决贯彻落实习近平总书记重要指示批示精神和党中央决策部署。在第一时间做好“第一议题”学习，认真组织党委会、新冠肺炎疫情工作领导小组专题会、理论学习中心组学习会，切实把党的政治建设融入贯彻落实党中央重大决策部署、推动项目建设全过程，做到政令畅通、令行禁止，以项目建设大干快上和疫情防控“零感染”的实际成效践行了“两个维护”。二是健全主体责任清单，持续推进全面从严治党。制定《公司党委落实全面从严治党主体责任清单》，实现全面从严治党各领域各方面各环节全覆盖；修订《“三重一大”决策制度实施细则》，规范公司党委会决策内容和程序，细化“三重一大”决策；发布《党内表彰管理办法》《党费收缴、管理和使用办法》，印发了《党支部工作手册》《党建工作基础年提升方案》，夯实党建基础工作；修订《中层领导管理人员管理办法》《中层领导人员绩效考核办法》，出台《对不担当不作为领导人员进行组织处理的办法》，聚焦项目建设重点任务落实，从严从实、动真碰硬，推进领导人员转变作风、担当尽责；完善党支部书记抓基层党建工作述职评议考核制度，以党委扩大会形式，全覆盖开展支部书记述职评议考核，与支部达标晋级、个人奖惩相挂钩，激发了支部书记抓党建强党建的内生动力。

（二）筑牢基层党建基础，推动党组织建设全面进步

一是推进“三基”建设，不断提升支部组织力。截至2021年12月，结合项目建设推进情况实际，集中调整26个基层党支部设置，建立支部届期情况大表，实现党支部书记和行政正职由一人担任的“一肩挑”模式，挑起两副担子，实现从“职务合一”到“职责合一”；全面推广应用石油党建信息化平台2.0系统，克服新调入党员多，单位分布广等困难，及时完成数据更新维护，规范平台资料录入，把支部建在网上，把党员连在线上，党务工作信息化、规范化、便捷化水平进一步提升。二是创新融合载体，融入中心发挥作用。坚持党建工作服务项目建设不偏离，不断探索实践，打造党建与中心工作融合新载体，切实把党建优势转化为发展优势。开展“党员责任区、党员示范岗、党员先锋队”创建示范工作，通过划定一个区，设置一个岗，树立一面旗，带动一大片，掀起做实事、出实效、勇担当的实干之风；开展“党建引领、互联共建”活动，与地方政府和支持项目建设单位共同构建起“亲清互信、资源共享、优势互补、共同提高”的党建工作新格局。全体党员干部在疫情防控工作中争当志愿者，在提质增效工作中广泛开展岗位践诺活动，在急难险重任务中主动认领“卡脖子”难题，逐一攻克遗留问题多、建设任务重、社会依托差等各种困难问题。

（三）强化政治巡视巡察，发挥利剑震慑作用

一是聚焦“两个维护”，推进政治监督具体化常态化。坚持党中央重大决策部署到哪里，监督检查就跟进到哪里，从细微处入手，向实处发力。制定《推进廉洁风险防控工作实施方案》《提质增效专项行动监督工作方案》，持续强化党风廉政建设；开展中央巡视反馈问题整改落实“回头看”和内部巡察工作，做到“四查十看”，对整改效果不明显的问题，进行“回炉”“补课”。二是狠抓作风建设，持之以恒反“四风”。严格落实中央八项规定精神，紧盯元旦、春节、五一、端午等节点，违规公款宴请、违规用车、违规操办婚丧喜庆事宜、子女升学、经商办企业等重点领域，发禁令、明纪律、提要求，发送提醒短信443条，坚决防止“四风”问题反弹回潮。三是严肃执纪问责，保持反腐败高压态势。坚持无禁区、全覆盖、零容忍，严肃执纪问责。

（四）抓实思想宣传工作，进一步凝聚人心形成合力

一是深入筑牢思想根基。广东石化分公司党委坚持把政治理论学习作为提高政治理论水平和领导水平的有效途径，坚持集中学习、个人自学、视频讲座、研讨交流、主题党课“五位一体”学习方式，深入学习贯彻党的十九大精神和习近平总书记系列讲话精神，突出抓实理论学习中心组学习，促进真学真信真懂真用。二是不断健全意识形态工作机制。修订完善《意识形态责任制实施办法》，整合微信微博及门户网站管理制度，制定《意识形态阵地管理细则》，明确管理职责和内容，扎紧制度的篱笆；开展统战对象摸底调研，建立制度、台账；加强网络平台、信息群组等重点阵地管控；建立网络评论员队伍，与政府建立联动工作机制，对疑似敏感信息做好审查甄别，始终将坚持正确政治方向摆在首位。三是持续壮大主流思想宣传。聚焦疫情防控、项目建设、主题教育活动等热点工作，持续开展主题宣传、形势宣传、成就宣传、典型宣传，营造良好舆论氛围；举办媒体开放日活动，邀请南方日报等7家媒体单位到项目建设现场采风；成立公司党委宣讲团，公司领导带头宣讲形势任务，以石油精神、项目建设总体目标、重点任务为主要内容定期更新现场宣传展板，营造舆论声势。

（五）坚持党建引领群团，焕发群团工作新活力

一是工团组织工作持续发力。公司党委坚持党建带群建，充分发挥群团组织桥梁纽带作用，为员工群众办好事、解难事，维护和发展员工群众利益。广泛开展读书会、书画展、摄影展等活动，举办乒乓球、羽毛球等系列体育赛事，不断丰富员工业余文化生活。二是劳动竞赛持续火热。按照“一月一评比，一季一表彰，一年一总结”的模式，全面开展“创建优质工程、标杆工程、阳光工程”劳动竞赛活动，激发广大项目参建者特别是党员干部在工作实践中发挥先锋模范作用。三是民主保障持续加强。坚持以人民为中心的发展思路，把企业发展成果惠及员工群众，加快推进家属就业、子女就学、员工落户、员工住房、医疗报销和社保转移等工作，实实在在为员工服好务。

第一章　领导机构

2016 年 1 月 1 日，广东石化分公司党政领导班子由 6 人组成。其中党委由姜文、魏强、于文魁、于江林、李锡均、刘希民等 6 人组成，姜文任党委书记。行政领导班子由魏强、姜文、于文魁、于江林、李锡均、刘希民等 6 人组成，魏强任总经理。姜文任纪委书记。姜文任工会主席。领导成员班子分工如下：总经理、党委副书记魏强负责公司行政全面工作，负责公司审计工作；分管综合管理部（党委办公室）、人力资源部（党委组织部）、审计监察部（纪委办公室）、企业文化部（党群工作部）。党委书记、副总经理、纪委书记、工会主席姜文负责公司党委全面工作；分管党委办公室（综合管理部）、党委组织部（人力资源部）、纪委办公室（审计监察部）、党群工作部（企业文化部）。财务总监于文魁负责公司财务资产、预算管理、内控与风险管理、协助总经理分管公司审计和原油、产品市场价格体系建立工作，负责项目费控管理与工程造价工作；分管财务部。副总经理于江林负责公司综合计划、商务、设备管理工作，负责项目的物资采购、投资控制工作；分管计划控制部、商务部、设备管理中心。副总经理、安全总监李锡均负责公司生产管理、技术管理、信息管理、健康安全环保工作，负责项目设计管理、生产准备工作；分管设计管理部、生产准备中心、信息中心、HSE 中心、7 个生产运行部。副总经理刘希民负责公司法律事务、企业管理、对外联系工作，负责项目的对外协调、项目调整可研及环评批复工作；分管企管法规部、空分合资工作组。

2016 年 10 月，经研究并商得中共广东省委同意，集团公司党组决定：魏强任广东石化分公司党委书记，免去姜文的广东石化分公司党委书记、委员、纪委书记、工会主席职务，调呼和浩特石化公司工作；股份公司决定：免去姜文的广东石化分公司副总经理职务。

2017 年 12 月，经研究并商得中共广东省委同意，集团公司党组决定：胡张兴任广东石化分公司党委委员、纪委书记。

2018 年 7 月，经研究并商得中共广东省委同意，集团公司党组决定：

李景耀任广东石化分公司党委委员。股份公司决定：李景耀任广东石化分公司副总经理。领导成员班子分工如下：党委书记、总经理魏强负责公司党委、行政全面工作，负责公司审计、党建、企业文化、宣传、维护稳定和工会工作；分管综合管理部（党委办公室）、人力资源部（党委组织部）、企业文化部（党群工作部）。财务总监督于文魁负责公司财务资产、预算管理、内控与风险管理，负责项目费控管理与工程造价工作，协助总经理分管公司审计和原油、产品市场价格体系建立工作，协助党委书记分管工会工作；分管财务部，协助分管工会。副总经理于江林负责公司综合计划、商务、设备管理工作，负责项目的物资采购、投资控制工作；分管计划控制部、商务部、设备管理中心。副总经理、安全总监李锡均负责公司生产管理、技术管理、信息管理、健康安全环保工作，负责项目设计管理、生产准备工作；分管设计管理部、生产准备中心、信息中心、HSE 中心、炼油生产一部至五部、POX 运行部、公用工程部、储运生产部、码头生产部。副总经理刘希民负责公司法律事务、企业管理、对外联系工作，负责项目的对外协调、项目调整可研及环评批复工作，协助党委书记分管维护稳定工作；分管企管法规部。纪委书记胡张兴对公司纪委工作全面负责，协助总经理、党委书记分管党建、监察、企业文化和宣传工作；分管审计监察部（纪委办公室），协助分管企业文化部（党群工作部）。副总经理李景耀与副总经理、安全总监李锡均互补公司生产管理、技术管理；侧重于负责公司化工生产管理和技术管理；分管化工生产一部、化工生产二部。

2018 年 10 月，经研究并商得中共广东省委同意，集团公司党组决定：陈俊豪任广东石化分公司党委委员、书记；免去魏强的广东石化分公司党委书记、委员职务。股份公司决定：陈俊豪任广东石化分公司总经理；免去魏强的广东石化分公司总经理职务。

2019 年 3 月，领导成员班子分工如下：党委书记、总经理陈俊豪主持公司党委、行政全面工作。负责公司组织、人事、党建、审计、监察等工作；党委委员、财务总监督于文魁负责公司财务资产、预算管理、内控与风险管理、招投标管理等工作；协助总经理分管公司审计工作。党委委员、副总经理于江林负责公司设备管理、投资管理、项目费用控制等工作；分管空分、动力站、电气、仪表等项目建设。党委委员、副总经理、安全总监李锡均负责公司生产管理、生产准备、健康安全环保、员工培训、信息管理等工作；分管 POX 装置、公用工程、储运、原油码头、产品码头等项目建设。党委委员、副总经理刘希民负责公司企业管理、法律事务、物资采购、产品销售、对外联系、运输管理、维护稳定等工作；分管工程建设中各种手续办理。党委委员、纪委书记胡张兴负责公司纪委全面工作；协助党委书记分管党建、监察、企业文化、宣传、工会等工作。党委委员、副总经理李景耀负责项目设计管理、技术管理等工作；分管炼化装置项目建设。

2019 年 12 月，领导成员班子分工如下：党委书记、总经理陈俊豪主持公司党委、行政全面工作。负责公司组织、人事、党建、审计等工作。党委委员、财务总监督于文魁负责公司财务资产、预算管理、内控与风险管理、招投标管理等工作；协助总经理分管审计工作。党委委员、副总经理于江林负责公司设备管理、投资管理等工作；分管动力站、空分、空压、电气、仪表等项目建设。党委委员、副总经理、安全总监李锡均负责公司生产管理、生产准备、健康安全环保、应急、消防、保卫、员工培训、信息管理等工作；分管石油焦制氢装置、公用工程、储运、原油码头、产品码头等项目建设。吉林石化公司党委委员、副总经理张维波（借调）负责公司工程建设管理工作；分管施工组织、施工安全、施工质量、进度控制、费用控制等工作。党委委员、副总经理刘希民负责公司企业管理、法律事务、物资采购、产品销售、对外协调、运输、绿化、物业管理等工作；分管工程建设所需各种手续办理。党委委员、纪委书记胡张兴负责公司纪委全面工作；协助党委书记分管党建、企业文化、维护稳定、宣传、工会等工作。党委委员、副总经理李景耀负责项目设计管理、技术管理、外事管理等工作；分管炼化装置项目建设。

2020 年 2 月，领导成员班子分工如下：吉林石化公司党委委员、副总经理张维波（借调）负责公司工程建设管理、物资采购工作；分管施工组织、施工安全、施工质量、进度控制、费用控制、物资采购等工作。党委委员、副总经理刘希民负责公司企业管理、法律事务、产品销售、对外协调、运输、绿化、物业管理等工作；分管工程建设所需各种手续办理。

2020 年 3 月，经研究并商得中共广东省委同意，集团公司党组决定：张维波、瞿宾业任广东石化分公司党委委员。免去于江林的广东石化分公司党委委员职务，调大港石化分公司工作。股份公司决定：张维波、瞿宾业任广东石化分公司副总经理。免去于江林的广东石化分公司副总经理职务。

2020 年 3 月，党组织隶属关系变更为中共揭阳市直工委。

2020 年 4 月，领导成员班子分工如下：党委书记、总经理陈俊豪主持公司党委、行政全面工作。负责公司组织、人事、党建、审计等工作。党委委员、财务总监督于文魁负责公司财务资产、预算管理、内控与风险管理、招投标管理等工作；协助总经理分管审计工作。党委委员、副总经理、安全总监李锡均负责公司生产管理、生产准备、健康安全环保、应急、消防、保卫、员工培训、信息管理等工作；分管石油焦制氢装置、公用工程、储运、原油码头、产品码头等项目建设。党委委员、副总经理张维波负责公司工程建设管理、物资采购工作；分管施工组织、施工安全、施工质量、进度控制、费用控制、仓储管理等工作。党委委员、副总经理刘希民负责公司企业管理、法律事务、产品销售、对外协调、运输、绿化、物业管理等工作；分管工程建设所需各种手续办理。党委委员、纪委书记胡张兴负责公司纪委全面工作；协助党委书记分管党建、企业文化、维护稳定、宣传、工会等工作。党委委员、副总经理李景耀负责项目设计管理、技术管理、外事管理等工作；分管炼化装置项目建设。党委委员、副总经理瞿宾业负责公司设备管理、投资管理等工作；分管动力站、空分、空压、电气、仪表等项目建设。

2020 年 5 月，经研究并商得中共广东省委同意，集团公司党组决定：免去于文魁的广东石化分公司党委委员职务。股份公司决定：免去于文魁的广东石化分公司财务总监督职务。

2020 年 8 月，经研究并商得中共广东省委同意，集团公司党组决定：康志军任广东石化分公司党委委员、书记。免去陈俊豪的广东石化分公司党委书记、委员职务。股份公司决定：康志军任广东石化分公司总经理。免去陈俊豪的广东石化分公司总经理职务。

2020 年 9 月，领导成员班子分工如下：党委书记、总经理康志军负责公司党委、行政全面工作；负责组织、人事、党建、审计等工作；分管综合管理部（党委办公室）、人力资源部（党委组织部）、审计部。党委委员、副总经理张维波负责公司工程建设管理、物资采购、招投标工作；负责施工组织、施工安全、施工质量、进度控制、费用控制、投资管理、仓储管理、疫情防控工作；协助负责人事工作；分管工程管理部、计划控制部、商务部、质量中心，协助分管人力资源部。党委委员、副总经理李锡均负责公司项目设计管理、技术管理、外事管理、概算管理、信息管理工作，负责石油焦制氢装置、公用工程、储运、原油码头、产品码头项目建设；分管设计管理部、信息中心、POX运行部、公用工程部、储运生产部、码头运行部。党委委员、副总经理刘希民负责公司企业管理、法律事务、财务资产、预算管理、内控与风险管理、产品销售、对外协调、运输、土地、绿化、物业管理工作；负责工程建设所需各种手续办理，协助负责审计工作；分管企管法规部、财务部、PMT12，协助分管审计部。党委委员、纪委书记胡张兴负责公司纪委全面工作和党委巡察日常工作；协助负责党建、企业文化、维护稳定、宣传、工会、团青工作；分管纪委办公室，协助分管企业文化部（党委宣传部）。党委委员、副总经理李景耀负责生产管理、生产准备、健康安全环保、应急、消防、保卫、员工培训工作；分管生产准备中心、HSE中心、炼油生产一部、炼油生产二部、炼油生产三部、炼油生产四部、炼油生产五部、化工生产一部、化工生产二部。党委委员、副总经理瞿宾业负责公司设备管理工作；负责动力站、空分、空压、电气、仪表项目建设；分管设备管理中心。

2020年11月，经研究并商得中共广东省委同意，集团公司党组决定：王利中任广东石化分公司党委委员。股份公司决定：王利中任广东石化分公司总会计师。股份公司决定：李景耀任广东石化分公司安全总监。免去李锡均的广东石化分公司安全总监职务。

2020年12月，调整部分领导班子成员分工：党委委员、副总经理刘希民负责公司企业管理、法律事务、产品销售、对外协调、运输、土地、绿化、物业管理工作，负责工程建设所需各种手续办理；分管企管法规部、PMT12。党委委员、总会计师王利中负责公司财务资产、预算管理、内控与风险管理工作；协助负责审计工作；分管财务部，协助分管审计部。

截至2020年12月31日，广东石化分公司党政领导班子由8人组成。其中党委由康志军、张维波、李锡均、刘希民、王利中、胡张兴、李景耀、瞿宾业等8人组成，康志军任党委书记。行政领导班子由康志军、张维波、李锡均、刘希民、王利中、李景耀、瞿宾业等7人组成，康志军任总经理。

胡张兴任纪委书记。工会主席空缺。领导成员班子分工如下：党委书记、总经理康志军负责公司党委、行政全面工作；负责组织、人事、党建、审计等工作；分管综合管理部（党委办公室）、人力资源部（党委组织部）、审计部。党委委员、副总经理张维波负责公司工程建设管理、物资采购、招投标工作；负责施工组织、施工安全、施工质量、进度控制、费用控制、投资管理、仓储管理、疫情防控工作；协助负责人事工作；分管工程管理部、计划控制部、商务部、质量中心，协助分管人力资源部。党委委员、副总经理李锡均负责公司项目设计管理、技术管理、外事管理、概算管理、信息管理工作；负责石油焦制氢装置、公用工程、储运、原油码头、产品码头项目建设；分管设计管理部、信息中心、POX 运行部、公用工程部、储运生产部、码头运行部。党委委员、副总经理刘希民负责公司企业管理、法律事务、产品销售、对外协调、运输、土地、绿化、物业管理工作；负责工程建设所需各种手续办理；分管企管法规部、PMT12。党委委员、总会计师王利中负责公司财务资产、预算管理、内控与风险管理工作；协助负责审计工作。分管财务部，协助分管审计部。党委委员、纪委书记胡张兴负责公司纪委全面工作和党委巡察日常工作；协助负责党建、企业文化、维护稳定、宣传、工会、团青工作；分管纪委办公室，协助分管企业文化部（党委宣传部）。党委委员、副总经理李景耀负责生产管理、生产准备、健康安全环保、应急、消防、保卫、员工培训工作；分管生产准备中心、HSE 中心、炼油生产一部、炼油生产二部、炼油生产三部、炼油生产四部、炼油生产五部、化工生产一部、化工生产二部。党委委员、副总经理瞿宾业负责公司设备管理工作；负责动力站、空分、空压、电气、仪表项目建设；分管设备管理中心。

第一节　党委（2016.1—2020.12）

截至 2016 年 1 月 1 日，广东石化分公司党委由姜文、魏强、于文魁、于江林、李锡均、刘希民等 6 人组成，姜文任党委书记。

2016 年 10 月，经研究并商得中共广东省委同意，集团公司党组决定：魏强任广东石化分公司党委书记，免去姜文的广东石化分公司党委书记、委员职务，调呼和浩特石化分公司工作。

2017 年 12 月，经研究并商得中共广东省委同意，集团公司党组决定：胡张兴任广东石化分公司党委委员。

2018 年 7 月，经研究并商得中共广东省委同意，集团公司党组决定：李景耀任广东石化分公司党委委员。

2018 年 10 月，经研究并商得中共广东省委同意，集团公司党组决定：陈俊豪任广东石化分公司党委委员、书记，免去魏强的广东石化分公司党委书记、委员职务，退出领导岗位。

2020 年 3 月，经研究并商得中共广东省委同意，集团公司党组决定：张维波、瞿宾业任广东石化分公司党委委员，免去于江林的广东石化分公司党委委员职务，调大港石化分公司工作。

2020 年 5 月，经研究并商得中共广东省委同意，集团公司党组决定：免去于文魁的广东石化分公司党委委员职务，退出领导岗位。

2020 年 8 月，经研究并商得中共广东省委同意，集团公司党组决定：康志军任广东石化分公司党委委员、书记，免去陈俊豪的广东石化分公司党委书记、委员职务。

2020 年 11 月，经研究并商得中共广东省委同意，集团公司党组决定：王利中任广东石化分公司党委委员。

截至 2020 年 12 月 31 日，广东石化分公司党委由康志军、张维波、李锡均、刘希民、王利中、胡张兴、李景耀、瞿宾业组成，康志军任党委书记。

书　　记　姜　文（2016.1—10）[①]

魏　强（2016.10—2018.10）[②]

陈俊豪（2018.10—2020.8）[③]

康志军（2020.8—12）

副 书 记　魏　强（2016.1—10）

① 2016 年 10 月，姜文调任呼和浩特石化公司党委委员、副书记、总经理。

② 2018 年 10 月，魏强退出领导岗位。2020 年 3 月，魏强自愿解除劳动合同。

③ 2023年3月，陈俊豪涉嫌严重违纪违法，主动投案，接受纪律审查和监察调查。2024年被开除党籍、行政开除。

委　　员　姜　文（2016.1—10）
　　　　　魏　强（2016.1—2018.10）
　　　　　于文魁（2016.1—2020.5）[①]
　　　　　于江林（2016.1—2020.3）[②]
　　　　　李锡均（朝鲜族，2016.1—2020.12）
　　　　　刘希民（2016.1—2020.12）
　　　　　胡张兴（2017.12—2020.12）
　　　　　李景耀（2018.7—2020.12）
　　　　　陈俊豪（2018.10—2020.8）
　　　　　张维波（2020.3—12）
　　　　　瞿宾业（2020.3—12）
　　　　　康志军（2020.8—12）
　　　　　王利中（2020.10—12）

第二节　行政领导机构（2016.1—2020.12）

截至2016年1月1日，广东石化分公司行政领导班子由6人组成：魏强任总经理，姜文、于江林、李锡均、刘希民任副总经理，于文魁任财务总监督，李锡均监任安全总监。

2016年10月，经研究并商得中共广东省委同意，股份公司决定：免去姜文的广东石化分公司副总经理职务。

2018年7月，经研究并商得中共广东省委同意，股份公司决定：李景耀任广东石化分公司副总经理。

2018年10月，经研究并商得中共广东省委同意，股份公司决定：陈俊豪任炼油与化工分公司高级副总经理、广东石化分公司总经理；免去魏强的广东石化分公司总经理职务。

2020年3月，经研究并商得中共广东省委同意，股份公司决定：张维波、

① 2020年5月，于文魁退出领导岗位。

② 2020年3月，于江林调任大港石化分公司党委委员、副总经理。

瞿宾业任广东石化分公司副总经理；免去于江林的广东石化分公司副总经理职务。

2020 年 5 月，经研究并商得中共广东省委同意，股份公司决定：免去于文魁的广东石化分公司财务总监督职务。

2020 年 8 月，经研究并商得中共广东省委同意，股份公司决定：康志军任广东石化分公司总经理；免去陈俊豪的广东石化分公司总经理职务，仍担任炼油与化工分公司高级副总经理。

2020 年 11 月，经集团公司党组 2021 年 10 月 31 日研究，并商得中共广东省委同意，股份公司决定：王利中任广东石化分公司总会计师。股份公司研究决定：李景耀任广东石化分公司安全总监；免去李锡均的广东石化分公司安全总监职务。

截至 2020 年 12 月 31 日，广东石化分公司行政领导班子由 7 人组成：康志军任总经理，张维波、李锡均、刘希民、李景耀、瞿宾业任副总经理、王利中任总会计师，李景耀兼任安全总监。

2016 年至 2020 年期间，广东石化分公司对助理、副总师进行调整。

2019 年 1 月，广东石化分公司研究决定：花小兵任公司副总工程师。

2019 年 12 月，广东石化分公司研究决定：王立新任公司设备副总工程师。

2020 年 3 月，广东石化分公司研究决定：郑海涛任公司副总工程师。

2020 年 4 月，广东石化分公司研究决定：王宏伟任公司总经理助理。

一、广东石化分公司行政领导名录（2016.1—2020.12）

总 经 理 魏 强（2016.1—2018.10）
陈俊豪（兼任，2018.10—2020.8）
康志军（2020.8—12）

副总经理 姜 文（2016.1—10）
于江林（2016.1—2020.3）
李锡均（2016.1—2020.12）
刘希民（2016.1—2020.12）
李景耀（2018.7—2020.12）
张维波（2020.3—12）

　　　　　　　瞿宾业（2020.3—12）
财务总监督　于文魁（2016.1—2020.5）
总 会 计 师　王利中（2020.10—12）
安 全 总 监　李锡均（兼任，2016.1—2020.11）
　　　　　　　李景耀（兼任，2020.11—12）

正局级干部　魏　强（2018.10—2020.3）

二、广东石化分公司助理副总师名录（2016.1—2020.12）

总经理助理　邵承宏（2016.1—2020.12）
　　　　　　　王宏伟（2020.4—12）
副总工程师　花小兵（2019.1—2020.12）
　　　　　　　王立新（2019.12—2020.12）
　　　　　　　郑海涛（2020.3—12）

第三节　纪委（2016.1—2020.12）

2017 年 12 月，经研究并商得中共广东省委同意，集团公司党组决定：胡张兴任广东石化分公司纪委书记。

书　　　记　姜　文（2016.1—10）[①]
　　　　　　　胡张兴（2017.12—2020.12）
副　书　记　禹雷明（2018.12—2020.12）
委　　　员　姜　文（2016.1—10）
　　　　　　　邵承宏（2016.1—2018.12）
　　　　　　　禹雷明（2016.1—2018.12）
　　　　　　　王宏伟（2016.1—2020.12）
　　　　　　　李　明（2016.1—2020.12）
　　　　　　　胡张兴（2017.12—2020.12）

---

① 2016 年 10 月至 2017 年 12 月期间，广东石化分公司纪委书记空缺。

禹雷明（2018.12—2020.12）
曾宪会（2018.12—2020.12）

第四节　工会（2016.1—2020.12）

主　　席　姜　文（2016.1—10）[①]
主　　任　胡张兴（2020.1—12）
委　　员　姜　文（2016.1—10）
胡张兴（2020.1—12）
曾宪会（2020.1—12）
王义东（2020.1—12）
范　庆（2020.1—12）
郭　利（2020.1—12）
潘德宁（2020.1—12）
杨　昕（2020.1—12）
刘京平（2020.1—12）
张　勇（2020.1—12）

① 2016年10月至2020年12月期间，广东石化分公司工会主席空缺。

第二章　机关部门

根据股份公司机构设置批复，广东石化分公司采用扁平化管理模式科学设置组织机构。截至 2016 年 1 月 1 日，广东石化分公司设 10 个部门：综合管理部（党委办公室）、人力资源部（党委组织部）、财务部、企管法规部、审计监察部（纪委办公室）、企业文化部（党群工作部）、计划控制部、商务部、工程管理部、设计管理部。

2019 年 2 月 18 日，企业文化部（党群工作部）更名为企业文化部（党委宣传部），其主要职责不变。12 月 2 日，根据《中共中国石油天然气集团有限公司党组关于推进纪检监察体制改革的通知》的文件精神，审计监察部（纪委办公室）更名为纪委办公室（审计部），其部门职责不变。

截至 2020 年 12 月 31 日，广东石化分公司设 10 个部门：综合管理部（党委办公室）、人力资源部（党委组织部）、纪委办公室（审计部）、企业文化部（党委宣传部）、财务部、企管法规部、计划控制部、商务部、工程管理部、设计管理部。

第一节　综合管理部（党委办公室）（2016.1—2020.12）

2010 年 3 月，广东石化分公司设综合管理部。2013 年 1 月，鉴于公司党委已经组建，为进一步精干组织机构，综合管理部更名为综合管理部（党委办公室）。2016 年 1 月 1 日，综合管理部（党委办公室）在册员工 6 人，其中女员工 2 人，隋洪君任部门主任，廉志丹任主任助理。

综合管理部（党委办公室）主要负责公司领导日常办公和公务活动的安排，协调公司各部门工作；负责公司重要会议报告和领导讲话等综合性文字材料的起草；负责公司文秘、保密工作；负责公司（党委）印鉴、信函、机要、公文审核及流转等文秘工作；负责对公司（党委）重大决策和重要工作部署贯彻执行情况的监督、检查、督办；负责公司会议管理及大型会议组织；负责公司公务接待工作；负责公司外事管理，负责外事会议、活动的接待及服务；负责公共关系管理，协调与地方政府、企业等公共关系；负责行政、后勤保障系统的运行、协调与管理；负责绿化管理工作；负责维护稳定、信访、防恐、社会治安综合治理。

2016 年期间，4 月严格落实中央八项规定和集团公司 20 条规定，修订完善《接待管理办法》，进一步规范公务接待标准；5 月结合集团公司 2016 版预案内容，完善公司《群体性突发事件应急预案》，进一步明确事件等级划分标准。全年召集服务总经理办公会 22 次、党委会 11 次、党政联席会 4 次、公司例会 43 次、工作务虚会 1 次，整理下发各类会议纪要 80 余期。

2017 年期间，先后制订及修订《广东石化分公司公务用车改革实施方案》《中国石油广东石化分公司公务用车管理办法》，进一步规范公务用车管理；按照集团公司接待管理办法和相关制度要求，重新修订和完善《公司接待管理办法》并发布最新版，进一步规范公务接待标准。全年处理各类文件近 1600 份，召集总经理办公会等“三重一大”会议 31 次、公司例会 45 次。

2018 年 4 月，公司党委决定：撤销机关第一党支部、机关第二党支部、工程管理部党支部，成立综合计划党支部，组成部门为综合管理部（党委办公室）和计划控制部；隋洪君任综合计划党支部书记，李明任综合计划党支部副书记。

2018 年 6 月，根据公司党委统一部署，完成支部委员补选工作。

2018 年 10 月，公司决定：廉志丹任综合管理部副主任。

2018 年期间，按照集团公司精神制定《中共广东石化分公司委员会关于进一步贯彻落实中央八项规定精神实施细则》，重新修订完善和发布《公司接待管理办法（第四版）》，进一步规范公务接待；做好保密工作，先后两次调整了公司保密工作委员会成员、密码工作领导小组成员，建立起“保密部门、保密工作组、各成员单位”的三级责任体系。全年累计收发处理各类文件 1977 份，召集服务总经理办公会 25 次、党委会 22 次、公司例会 48 次。

2019 年 12 月，公司党委决定：杨昕任党委办公室副主任，免去其党委宣传部副部长职务。公司决定：杨昕任综合管理部副主任，免去其企业文化部副主任职务。

2019 年期间，先后重新修订《广东石化分公司保密管理规定》、细化分解《公司秘密信息分级保护目录》，从源头上规范了工作运行；重新修订《公司维稳信访管理办法》，与大南海石化工业区沟通成立了地企维稳信访安保防恐工作领导小组，形成了地企齐抓共管的格局；重新修订完善了《公司关于进一步贯彻落实中央八项规定精神实施细则》《广东石化分公司接待管理办法》《公司领导履职待遇、业务支出管理办法》《广东石化分公司接待管理办法》等规章制度；严肃整治办文办会形式主义，制定下发了《关于重申公司例会、“三重一大”会议有关要求的通知》《关于进一步加强重要会议、文件精神执行落实的通知》，对会议程序、办公文件要求进行了重申，合规管理水平进一步增强。全年编发总经理办公会、党委会、公司周例会纪要 100 份，编制督查督办通报 50 期，组织党委会 28 次，总经理办公会 30 次。

2020 年 1 月，公司党委决定：免去隋洪君的党委办公室主任、综合计划党支部书记职务。公司决定：决定免去隋洪君的综合管理部主任职务。

2020 年 2 月，公司党委决定：撤销综合计划党支部，新成立综合管理部党支部。

2020 年 3 月，公司党委决定：梅新任党委办公室主任、综合管理部党支部书记，免去其党委组织部常务副部长职务。公司决定：梅新任综合管理部主任，免去其人力资源部常务副主任职务。

2020 年期间，先后重新修订完善了《广东石化分公司保密管理规定》、细化分解《公司秘密信息分级保护目录》；持续规范印信管理，重新修订《印章管理规定》；持续健全完善管理制度，重新修订《维护稳定管理办法》。全年编发公司周例会纪要 50 期、工作碰头会纪要 60 期、督查督办通报 96 期，疫情领导工作小组会议纪要 100 余期，发布月度重点工作 12 期，累计文字量近 200 万字。全年召集党委会 46 次，总经理办公会 45 次。

截至 2020 年 12 月 31 日，综合管理部（党委办公室）在册员工 8 人，其中女员工 1 人，设文书、文秘、后勤管理、对外协调等岗位，党员 8 人。

梅新任主任，廉志丹、杨昕任副主任；梅新任党支部书记。部门领导班子成员分工如下：梅新支持党支部、部门全面工作，分管保密工作、工会工作；廉志丹负责部门主管的公司行政、后勤、接待、外事、值班管理等工作，部门内部合同等工作，协管工会工作；杨昕负责部门主管的公司文秘、文书、督办、党办、“三重一大”决策实施、维稳等工作，部门内部绩效考核等工作，协管保密工作。

一、综合管理部（党委办公室）领导名录（2016.1—2020.12）

主　　任　隋洪君（2016.1—2019.12）[①]
　　　　　　梅　新（2020.3—12）
副 主 任　廉志丹（2018.10—2020.12）
　　　　　　杨　昕（2019.12—2020.12）

主任助理　廉志丹（2016.1—2018.10）

二、机关第一党支部—综合管理部党支部（2016.1—2020.12）

（一）机关第一党支部领导名录（2016.1—2018.4）

书　　记　隋洪君（2016.1—2018.4）

（二）综合计划党支部领导名录（2018.4—2020.2）

书　　记　隋洪君（2018.4—2020.1）
副 书 记　李　明（2018.4—2020.2）

（三）综合管理部党支部领导名录（2020.2—12）

书　　记　梅　新（2020.3—12）[②]

三、办公室设在综合管理部（党委办公室）的非常设领导机构

（一）保密工作委员会（2010.7—2020.12）

2010 年 7 月，为规范和加强保密工作管理，维护公司的安全和利益，成立广东石化分公司保密工作委员会，主要职责：组织贯彻落实党和国家、集团公司有关保密工作的方针政策和法律法规；负责审批公司保密工作规章制度、年度工作计划及要点；负责建立健全公司保密工作机构，审定公司

---

① 2019年12月，隋洪君调离公司；2019年12月至2020年3月期间，综合管理部（党委办公室）主任空缺。

② 2020 年 1 月至 2 月期间，综合管理部党支部书记空缺。

保密管理和技术防范措施；负责公司商业秘密定密、变更、解除等工作的最终审定；负责审定公司《商业秘密分级保护目录》、保密要害部门、部位目录；负责公司对外提供资料、信息公开、网络信息发布的最终审定；负责公司失、泄密事件分析及处理意见的最终审定；负责决策公司保密工作其他重大事宜。保密工作委员会下设办公室，设在综合管理部，负责公司保密日常工作。

截至2016年1月，组成人员如下：

1. 广东石化分公司保密工作委员会

主　　任：魏　强　姜　文

副 主 任：于文魁　于江林　李锡均　刘希民　邵承宏

委　　员：隋洪君　王宏伟　潘德宁　汤明华　禹雷明　于文忠
李　明　于　武　梅　新　许少民　王中文　邱继丹
吕晓阳　王义东　张志远　龚　辉　范　庆　郭　利
孙大勇　孙　涛　谷学立　何秀云　边兴福　方浴宇
田立军　屈德君

2. 广东石化分公司保密工作委员会办公室

主　　任：隋洪君

成　　员：杨　静　刘　岩各部门（中心）、各PMT保密员

2016年12月，根据工作需要，对公司保密委员会成员进行了调整，调整后人员组成如下：

1. 广东石化分公司保密工作委员会

主　　任：魏　强

副 主 任：于文魁　于江林　李锡均　刘希民　邵承宏

委　　员：隋洪君　王宏伟　潘德宁　汤明华　禹雷明　于文忠
李　明　于　武　梅　新　许少民　王中文　邱继丹
吕晓阳　王义东　张志远　龚　辉　范　庆　郭　利
孙大勇　孙　涛　谷学立　何秀云　边兴福　方浴宇
田立军　文　革

2. 广东石化分公司保密工作委员会办公室

主　　任：隋洪君

成　　员：杨　静　刘　岩　各部门（中心）、各 PMT 保密员

2020 年 5 月，根据工作需要和人员变动情况，保密工作委员会（密码工作领导小组）调整为：

1. 广东石化分公司保密工作委员会

主　　任：陈俊豪

副 主 任：于文魁　李锡均　张维波　刘希民　胡张兴　李景耀　瞿宾业　邵承宏　花小兵　王立新　郑海涛　王宏伟

委　　员：梅　新　邹吉武　潘德宁　汤明华　禹雷明　曾宪会　李　明　张志远　崔峥嵘　杨丽芳　邱继丹　吕晓阳　王义东　龚　辉　范　庆　郭　利　孙大勇　文　革　边兴福　闫成玉　胡军印　顾宗军　何秀云　刘　舰　田立军　郑树和

2. 广东石化分公司保密工作委员会办公室

主　　任：梅　新

副 主 任：杨丽芳　龚　辉　郑树和

成　　员：杨　昕　廉志丹　许尔义　郭永喜　孙郡泽　梁　颖　各部门（中心）、各 PMT 保密员

（二）维护稳定工作领导小组（2011.2—2020.12）

2011 年 2 月，成立广东石化分公司维护稳定工作领导小组，作为公司维护稳定工作的领导机构，主要职责：贯彻执行集团公司关于维护稳定工作的方针、政策、指示精神，部署、指导公司各项工作；领导公司维护稳定工作体系建设，审定公司规章制度、年度工作计划、群体性突发事件应急预案；审定上级部门交办的信访件和重要案件的调查结果和处理意见；负责公司群体性突发事件、越级访事件处置的决策、指挥工作。维护稳定工作领导小组下设办公室，设在综合管理部。

截至 2016 年 1 月，组成人员如下：

1. 维护稳定工作领导小组

组　　长：姜　文　魏　强

副 组 长：于文魁　于江林　李锡均　刘希民　邵承宏

成　　员：各部门、中心主任，各 PMT 经理

2. 维护稳定工作领导小组办公室

主　　任： 隋洪君

副 主 任： 邱继丹　许少民　汤明华　于文忠　顾宗军

成　　员： 余春青　廉志丹　杨　昕　陈运庆

2016 年 12 月，根据工作需要和人员变动情况，对公司维护稳定工作领导小组进行了调整，调整后人员组成如下：

1. 维护稳定工作领导小组

组　　长： 魏　强

副 组 长： 刘希民　于文魁　于江林　李锡均　邵承宏

成　　员： 各部门、中心主任，各 PMT 经理

2. 维护稳定工作领导小组办公室

主　　任： 隋洪君

副 主 任： 邱继丹　汤明华　于文忠　许少民　顾宗军　孙弘宇

成　　员： 屈德君　廉志丹　杨　昕　陈运庆

2020 年 5 月，根据公司领导班子成员分工，对公司维护稳定工作领导小组进行了调整，调整后人员组成如下：

1. 维护稳定工作领导小组

组　　长： 陈俊豪

副 组 长： 胡张兴

成　　员： 各部门（中心）主任，PMT 经理，实习管理部负责人

2. 维护稳定工作领导小组办公室

主　　任： 梅　新

成员单位： 综合管理部（党委办公室）人力资源部（党委组织部）
财务部　企管法规部　纪委办公室（审计部）
企业文化部（党委宣传部）　工程管理部
HSE 中心生产准备中心　信息中心

（三）密码工作领导小组（2013.3—2020.12）

2013 年 3 月，为做好公司密码工作，按照《集团公司普通密码使用管理细则》要求，结合公司实际，成立公司密码工作领导小组。密码工作领导小组下设办公室，设在综合管理部。

截至2016年1月，组成人员如下：

1. 密码工作领导小组

组　　长：姜　文

副 组 长：于文魁　李锡均

成　　员：隋洪君　王宏伟　禹雷明　邱继丹　龚　辉

2. 密码工作领导小组办公室

主　　任：隋洪君

副 主 任：龚　辉

成　　员：杨　昕　杨　静　陈运庆

2017年4月，根据工作需要，对公司密码工作领导小组进行了调整，调整后人员组成如下：

1. 密码工作领导小组

组　　长：魏　强

副 组 长：于文魁　李锡均

成　　员：隋洪君　王宏伟　潘德宁　禹雷明　邱继丹　龚　辉

2. 密码工作领导小组办公室

主　　任：隋洪君

副 主 任：龚　辉

成　　员：杨　静　刘　岩　陈运庆

2020年5月，根据工作需要和人员变动情况，对公司保密工作委员会（密码工作领导小组）进行了调整，调整后人员组成如下：

1. 密码工作领导小组

组　　长：陈俊豪

副 组 长：于文魁　李锡均　张维波　刘希民　胡张兴　李景耀
瞿宾业　邵承宏　花小兵　王立新　郑海涛　王宏伟

成　　员：梅　新　邹吉武　潘德宁　汤明华　禹雷明　曾宪会
李　明　张志远　崔峥嵘　杨丽芳　邱继丹　吕晓阳
王义东　龚　辉　范　庆　郭　利　孙大勇　文　革
边兴福　闫成玉　胡军印　顾宗军　何秀云　刘　舰
田立军　郑树和

2. 密码工作领导小组办公室

主　　任：梅　新

副 主 任：杨丽芳　龚　辉　郑树和

成　　员：杨　昕　廉志丹　许尔义　郭永喜　孙郡泽　梁　颖
各部门（中心）、各 PMT 保密员

（四）绿化委员会（2019.8—2020.12）

2019 年 8 月，为深入贯彻落实党的十九大关于生态文明建设的精神要求，牢固树立和践行“绿水青山就是金山银山”的理念，紧紧围绕集团公司绿色、生态、低碳发展战略部署，成立广东石化分公司绿化委员会，主要职责：贯彻落实国家、集团公司、地方政府有关绿化工作方针、政策；统一领导公司绿化和全民义务植树工作；审查批准绿化规划、年度费用预算，确定绿化目标和年度任务；研究决定绿化和全民义务植树的重大问题。绿化委员会下设办公室，设在综合管理部，负责公司日常工作。

主　　任：刘希民

成　　员：隋洪君　王宏伟　潘德宁　汤明华　禹雷明　李　明
邱继丹　崔峥嵘

绿化委员会下设绿化办公室，设在综合管理部，办公室主任隋洪君，日常工作由董大滨负责。

2020 年 6 月，因人员变动和工作需要，对公司绿化委员会和绿化办公室人员进行调整，调整后人员组成如下：

主　　任：刘希民

副 主 任：王宏伟

成　　员：梅　新　邹吉武　潘德宁　汤明华　禹雷明　曾宪会
李　明　崔峥嵘　杨丽芳　王自顺

绿化委员会下设绿化办公室，设在综合管理部，梅新兼任绿化办公室主任，日常工作由许尔义负责。

第二节　人力资源部（党委组织部）
（2016.1—2020.12）

2010 年 3 月，广东石化分公司设人力资源部。2013 年 1 月，鉴于公司党委已经组建，为进一步精干组织机构，更名为人力资源部（党委组织部）。2016 年 1 月 1 日，人力资源部在册员工 8 人，其中女员工 2 人，王宏伟任主任，曾宪会任副主任。

人力资源部（党委组织部）主要负责领导班子建设、各级管理人员的选拔、培养、考核、任免等管理工作，负责专业技术干部管理工作；负责组织机构、岗位设置、职责划分、定员定额等管理工作；负责人力资源规划、开发、招聘、配置等用工管理工作；负责党组织建设、党员的教育、发展与管理等工作；负责制定公司薪酬福利政策、绩效考核管理制度，负责员工薪酬福利发放等工作；负责员工劳动合同、劳动纪律、考核奖惩等管理工作；负责员工培训管理工作；负责员工社会保险和人身意外伤害保险的管理工作；负责人事信息管理和人事统计工作；负责员工的人事档案管理工作；负责党费的收缴与管理工作；负责 PMC 项目管理服务合同的签订，并组织对聘用人员的考核工作。

2016 年期间，按照广东省委组织部文件《关于抓紧做好党员组织关系排查工作的通知》要求，完成《党员基本情况登记表》填写，登记《现有在册党员花名册》；与四川石化公司共同完成《广东石化实习人员上岗管理办法》的起草工作，配合四川石化公司完成深度上岗人员选聘工作，共 335 人进行独立顶岗。2016 年度共发展党员 18 人。

2017 年期间，5 月根据中共中央组织部办公厅下发了《关于进一步规范党费工作的通知》，进一步规范党费收缴工作；6 月根据集团公司人事部《关于广东石化分公司技能操作人员优化配置双向选择的通知》要求，在四川石化、广西石化、云南石化三地同时开展技能操作人员双向选择工作，共 351 人选择调往兄弟单位。2017 年度共发展党员 18 人。

2018 年 4 月，公司党委决定：撤销机关第一党支部、机关第二党支部、工程管理部党支部，成立人事财务党支部，组成部门为人力资源部（党委组织部）和财务部；王宏伟任人事财务党支部书记；潘德宁任人事财务党支部副书记。

2018 年期间，2 月，发布《关于加强和改进优秀年轻干部培养选拔工作的实施意见》，进一步落实党管人才原则；3 月，发布《广东石化分公司党建工作责任制实施办法》，建立健全党建工作目标责任体系；4 月，发布《广东石化分公司党支部建设规范》，进一步规范党组织建设；6 月，发布《关于明确公司领导班子成员党建“三联”责任示范联系点的通知》，切实履行领导干部“一岗双责”；7 月，发布《党组织工作经费使用和管理办法》，进一步规范党建活动经费管理。2018 年度发展党员 18 人。

2019 年 6 月，公司党委决定：梅新任党委组织部常务副部长（正处级），刘京平任党委组织部副部长。公司决定：梅新任人力资源部常务副主任（正处级），免去梅新的工程管理部主任职务，刘京平任人力资源部副主任。

2019 年期间，以党章为根本遵循，发布《党支部工作手册》，强化政治教育和政治引领；充分发挥先进典型的表率示范作用，发布《党内表彰管理办法》，进一步规范党内表彰工作；开展党建工作专项检查，发布《党建工作基础年提升方案》，持续抓基层、强基础；确保党费收缴和党组织经费合规有序使用，发布《党费收缴、管理和管理办法》和修订《党组织工作经费管理和使用办法》，明确使用范围和审批流程；完善党建责任考核评价办法，发布《党支部党建责任考核暨达标晋级管理办法》，做到支部达标晋级可执行；强化中层领导人员监督考核，修订《中层领导管理人员管理办法》和《中层领导人员绩效考核办法》，激发领导人员担当作为，为项目建设营造良好环境。按照集团公司新修订的《中国石油天然气集团有限公司企业领导人员管理规定》修订《广东石化分公司中层领导人员管理办法》，进一步规范公司干部选拔任用的组织程序。2019 年度发展党员 13 人。

2020 年 2 月，公司党委决定：撤销人事财务党支部，成立人力资源部党支部。

2020 年 3 月，公司党委决定：王宏伟任人力资源部党支部书记。

2020 年 4 月，公司党委决定：邹吉武任党委组织部部长、人力资源部党支部书记；免去王宏伟的党委组织部部长、人力资源部党支部书记职务。公司决定：王宏伟任公司总经理助理，免去其人力资源部主任职务；邹吉武任人力资源部主任。

2020 年 6 月，公司党委决定：王绪忠任党委组织部副部长。公司决定：王绪忠任人力资源部副主任。

2020 年期间，优化干部配置，修订《广东石化分公司中层领导人员选拔任用工作规范》，严把选人用人政治关、品行关、作风关、廉洁关。抓实载体创建，融入中心发挥作用，在公用工程部动力中心和 220 千伏总变电站项目建设试点，开展“党员责任区、党员示范岗、党员先锋队”创建示范工作。人力资源部党支部、工程管理中心党支部与大南海石化工业区、中交四航局驻揭阳分公司相关党支部共同开展“党建引领、互联共建”活动，与地方政府和支持项目建设单位共同构建起“亲清互信、资源共享、优势互补、共同提高”的党建工作新格局。2020 年发展党员 19 人。

截至 2020 年 12 月 31 日，人力资源部（党委组织部）在册员工 11 人，其中女员工 3 人，设干部管理、劳动组织、培训管理、党建管理、薪酬管理、绩效考核、档案管理等岗位，党员 11 人。邹吉武任主任，刘京平、王绪忠任副主任；邹吉武任党支部书记。部门领导班子成员分工如下：邹吉武负责公司领导班子建设，各级人员的选拔、培养、管理、考核、奖惩，后备干部队伍建设，人力资源规划、开发、招聘、配置等用工管理，劳动关系，业务外包及家属安置等工作；刘京平负责党组织建设，党员的教育、发展与管理，党费、党组织工作经费管理，薪酬福利，保险和年金管理，人事统计，人事档案，组织史编纂等工作；王绪忠负责专业技术干部管理，机构设置及职责，定岗定员，劳动纪律，操作工上岗，员工培训，职称和专家管理，职业技能评价（认定），PMC 人员管理等工作。

一、人力资源部（党委组织部）领导名录（2016.1—2020.12）

主　任（部　长）　王宏伟（2016.1—2020.4）
　邹吉武（2020.4—12）

常务副主任（常务副部长）　梅　新（2019.6—2020.3）

副主任（副部长） 曾宪会（2016.1—2018.6）
刘京平（2019.6—2020.12）
王绪忠（2020.6—12）

二、机关第一党支部—人力资源部党支部（2016.1—2020.12）

（一）机关第一党支部领导名录（2016.1—2018.4）

书　　记 隋洪君（2016.1—2018.4）

（二）人事财务党支部领导名录（2018.4—2020.2）

书　　记 王宏伟（2018.4—2020.2）
副 书 记 潘德宁（2018.4—2020.2）

（三）人力资源部党支部领导名录（2020.2—12）

书　　记 王宏伟（2020.3—4）
邹吉武（2020.4—12）

三、办公室设在人力资源部（党委组织部）的非常设领导机构

（一）中级职称评审委员会（2016.1—2020.12）

2012 年 11 月，按照集团公司职称评审工作要求，为加强对职称评审工作专业管理，成立公司中级职称评审委员会，具体负责公司初中级职称的评审工作。

截至 2016 年 1 月，组成人员如下：

主　　任： 李锡均
副 主 任： 于江林　邵承宏
成　　员： 王义东　连传敏　宋晓昱　张志远　张　江　徐　丽　孙旭刚　许春勇　施荣卫　龚　辉　陈运庆　顾宗军　邹文波　何秀云　江　涛　邱继丹　阳庸楷　崔积山　王宏伟　曾宪会
秘　　书： 曾宪会（兼）

2020 年 8 月，根据公司人事变动情况，对公司中级职称评审委员会进行调整，成立相应职称评审专业组，下设政工经济专业组、工艺专业组、机电仪专业组、安全环保专业组等 4 个职称评审专业组。

主　　任： 李锡均

副 主 任：李景耀　瞿宾业

委　　员：邵承宏　花小兵　王立新　郑海涛　王宏伟　邹吉武
杨丽芳　王义东　潘延君　王自顺　张元礼　汤明华
潘德宁　禹雷明　崔峥嵘　龚　辉

（二）绩效考核领导小组（2019.7—2020.12）

2019 年 7 月，根据集团公司持续深化人事劳动分配制度改革的要求，为进一步发挥绩效考核的导向和激励约束作用，以“收入分配向骨干倾斜、向一线倾斜、向贡献大的岗位倾斜”为原则，成立公司绩效考核领导小组。主要职责：负责审定绩效考核制度；研究确定年度绩效方案、奖金发放事项；决策考核中的重要事项和方向。绩效考核领导小组下设办公室，设在企管法规部，负责绩效考核日常工作。

组　　长：党委书记、总经理

副 组 长：分管领导、财务总监督

成　　员：企管法规部、人力资源部、综合管理部、财务部、
工程管理部、计划控制部、HSE 中心、质量中心负责人

绩效考核领导小组办公室设在企管法规部，由公司分管领导、财务总监督任主任，企管法规部主要负责人任副主任，成员由企管法规部、人力资源部、综合管理部、财务部、工程管理部、计划控制部、HSE 中心、质量中心组成。

2020 年 9 月，根据公司领导分工和部门职责调整，对公司绩效考核领导小组进行了调整，调整后人员组成如下：

组　　长：康志军

副 组 长：张维波

成　　员：王宏伟　人力资源部、综合管理部、财务部、
企管法规部、计划控制部、工程管理部、HSE 中心、
质量中心负责人

领导小组办公室设在人力资源部（党委组织部），张维波任办公室主任，邹吉武任副主任。

第三节　财务部（2016.1—2020.12）

2010年3月，广东石化分公司设财务资产部；2012年8月，财务资产部更名为财务部。2016年1月1日，财务部在册员工9人，其中女员工3人，潘德宁任副主任并主持工作，马增路任主任助理。

财务部主要负责公司资产管理工作，负责组织公司资产调拨、转移、调剂、固定资产的报废以及资产的评估、确认、清查和核实等工作；负责资金的计划、调度、使用和管理；负责银行票据管理、银行账户管理以及库存现金管理；负责各类保函、质保金等账务管理；负责对股份公司及合资方资金投入、往来的核对与清算工作；负责工程建设税务筹划等工作；负责办理公司财产保险、工程一切险等工作；负责日常会计核算、财务报告、会计基础工作、会计事务管理，保证会计系统的完整性和准确性，负责会计报表编制、会计账务体系建立与维护；负责财务预算的编制、执行、分解、考核工作；负责财务决算工作，参与审核工程概算方案；负责资产最终验收和固定资产接收管理，参与工程竣工验收；研究国家土地管理相关政策，负责办理土地报批、取证及已取得使用权土地的管理；负责制定施工期间公用工程产品价格；与招投标、合同谈判。

2016年期间，根据集团公司相关制度，先后修订《广东石化分公司差旅费会议费报销管理办法》《广东石化分公司工程物资核算管理办法》《广东石化公司员工费用管理办法》《广东石化分公司福利费管理办法》，进一步规范了财务管理制度和流程体系；根据公司下达的《固定资产管理办法》《无形资产管理办法》进行资产管理，做到了账实相符、账账相符；完成2015年财务决算及2016年财务预算分解。

2017年期间，先后修订《广东石化公司差旅费会议费报销管理办法》《广东石化公司应收款项管理办法》《广东石化公司客户信息及信用管理办法》等一批管理办法，进一步规范了财务制度和流程体系，为日常业务的规范性提供了有力支撑；完成2016年财务决算及2017年财务预算分解。

2018年4月，公司党委决定：撤销机关第一党支部、机关第二党支部、工程管理部党支部，成立人事财务党支部，组成部门为人力资源部（党委组织部）和财务部；王宏伟任人事财务党支部书记；潘德宁任人事财务党支部副书记。

2018 年 10 月，公司决定：马增路任财务部副主任。

2018 年期间，先后修订并发布《广东石化公司差旅费会议费报销管理办法》《广东石化公司应收款项管理办法》等 6 项制度；定期开展半年度、年度固定资产盘点、资产减值测试、在建工程减值测试等相关资产管理工作；完成 2017 年财务决算及 2018 年财务预算分解。

2019 年 12 月，公司决定：潘德宁任财务部主任。

2019 年期间，先后修订《差旅费会议费报销管理办法》《工程成本核算管理办法》等 11 项管理制度并发布执行，进一步规范了相关财务制度；进一步细化工作程序，全面启动转资工作；完成 2018 年财务决算及 2019 年财务预算分解。

2020 年 2 月，公司党委决定：撤销人事财务党支部，新成立财务部党支部。3 月，公司党委决定：潘德宁任财务部党支部书记。

2020 年期间，先后修订《广东石化公司差旅费会议费报销管理办法》《广东石化公司应收款项管理办法》等 6 项制度，为日常财务业务处理的规范性和合规性提供了有力保障；完成了甲采物资及乙采物资上百万条的全部设备材料的资产编码对应工作，形成资产编码对应白皮书，为物资、设备出库时资产编码对应提供了依据和便利；完成 2019 年财务决算及 2020 年财务预算分解。

截至 2020 年 12 月 31 日，财务部在册员工 11 人，其中女员工 3 人，设资产管理、会计审核管理、税务管理、报销管理、出纳管理、预算管理等岗位，党员 5 人。潘德宁任主任，马增路任副主任；潘德宁任党支部书记。部门领导班子成员分工如下：潘德宁负责预算管理、工程保险、奖金考核等工作，分管会计审核管理岗位、预算管理岗位、税务管理岗位；马增路负责资金管理、财务核算等工作，分管成本核算岗位、资产管理岗位、报销管理岗位、出纳管理岗位。

一、财务部领导名录（2016.1—2020.12）

主　　任　潘德宁（2019.12—2020.12）[①]

副 主 任　潘德宁（主持工作，2016.1—2019.12）

　　　　　马增路（2018.10—2020.12）

二、机关第一党支部—财务部党支部（2016.1—2020.12）

（一）机关第一党支部领导名录（2016.1—2018.4）

书　　记　隋洪君（2016.1—2018.4）

（二）人事财务党支部领导名录（2018.4—2020.2）

书　　记　王宏伟（2018.4—2020.2）

副 书 记　潘德宁（2018.4—2020.2）

（三）财务部党支部领导名录（2020.2—12）

书　　记　潘德宁（2020.3—12）

第四节　企管法规部（2016.1—2020.12）

2010 年 3 月，广东石化分公司设对外合作部；11 月，对外合作部更名为法律事务部。2014 年 6 月，法律事务部更名为企管法规部。2016 年 1 月 1 日，企管法规部在册员工 4 人，其中女员工 1 人，汤明华任主任。

企管法规部主要负责公司仲裁、诉讼等法律事务，负责对外委托律师服务工作；负责公司登记注册、年检、变更等手续，负责公司字号、商标、专利等知识产权保护工作；负责公司股权管理工作；负责公司规章制度建设、内控体系建设和风险管理工作，负责组织公司管理创新活动；负责公司绩效考核管理；负责公司招投标管理、合同归口管理和市场准入管理；负责公司授权管理；负责公司对外协调工作。

2016 年期间，2 月，按照公司领导要求，编制了《项目变更风险预估表》，明确项目变更后风险预估范围；11 月，根据集团公司安排，企管法规部组织各部门开展了公司全面风险评估工作。

---

① 2016 年 1 月至 2019 年 12 月期间，财务部主任空缺。

2017 年期间，结合国家法律法规、集团公司制度变化以及公司建设实际情况，编制完成年度规章制度和业务流程的制（修）订计划，全年新增制度 8 项，修订制度 33 项，组织制度讨论会 10 次，新增流程 3 个，修订流程 10 个，制度培训逾 240 人次；截至年底，公司行之有效的制度 332 项，流程 621 个。

2018 年 4 月，公司党委决定：撤销机关第一党支部、机关第二党支部、工程管理部党支部，成立企管空分 PMT11 党支部，组成部门为企管法规部、空分合资工作组和 PMT11，汤明华任企管空分 PMT11 党支部书记；方浴宇任企管空分 PMT11 党支部副书记。

2018 年 9 月，公司党委决定：企管空分 PMT11 党支部更名为企管国储基地党支部，组成部门调整为企管法规部和国储基地。

2018 年期间，不断强化合规管理，开展《诚信合规手册》及配套相关法律法规和公司制度的学习，进一步明确各部门和人员的合规职责；组织公司全员签订《合规承诺书》，树立“合规人人有责”的理念；截至年底，公司行之有效的制度 325 项，流程 617 个。

2019 年 1 月，公司决定：孙弘宇任企管法规部副主任、对外协调部主任，免去其炼油生产二部（PMT2）副经理、实习管理部主任职务。

2019 年 12 月，公司决定：李海林任企管法规部副主任、对外协调部主任，孙弘宇任公用工程部（PMT9）常务副经理（正处级），免去其企管法规部副主任、对外协调部主任职务。

2019 年期间，广泛调研系统内外兄弟企业，重新设计了广东石化炼化一体化项目工程管理模式，即“IPMT+ 监理 +EPC”；持续依法合规经营，编制发布《授权管理办法》，明确管理授权和法律授权；按照收入分配“向骨干倾斜、向一线倾斜、向贡献大的岗位倾斜”的原则发布实施《广东石化 2019 年绩效考核方案》；截至 2019 年年底，公司共有规章制度 310 项、业务流程 412 个。

2020 年 2 月，公司党委决定：撤销企管国储基地党支部，成立企管法规部党支部。

2020 年 3 月，公司党委决定：汤明华任企管法规部党支部书记。

2020 年 6 月，公司决定：邱继丹任企管法规部副主任（正处级），免去其 HSE 中心主任职务。

2020 年期间，4 月，编制发布《广东石化公司 2020 年提质增效实施方案》，明确 9 方面工作目标，包含 8 大类 17 项 158 条具体措施；5 月，编制发布《管理体融合工作实施方案》，确立工作机构、机制，明确工作目标、思路、原则和预期效果；7 月，编制发布《广东石化公司提质增效专项奖奖励方案》，建立考核评价奖励机制，鼓励全员树牢“今天的投资就是明天的成本”的理念；编制发布《招标方案编制工作指导细则》，统一招标方案标准，严格审查招标方案。

截至 2020 年 12 月 31 日，企管法规部在册员工 8 人，其中女员工 2 人，设企业管理、合同管理、招标管理等岗位，党员 6 人。汤明华任主任，李海林、邱继丹任副主任；汤明华任党支部书记。部门领导班子成员分工如下：汤明华负责部门招标合同、合资合作、法律事务、资本运营等工作；李海林负责对外协调、绩效考核等工作；邱继丹负责部门管理体系融合、规章制度建设、内控风险管理、管理创新等基础管理工作。

一、企管法规部领导名录（2016.1—2020.12）

主　　任　汤明华（2016.1—2020.12）

副 主 任　孙弘宇（2019.1—12）

李海林（2019.12—2020.12）

邱继丹（正处级，2020.6—12）

二、机关第一党支部—企管法规部党支部（2016.1—2020.12）

（一）机关第一党支部领导名录（2016.1—2018.4）

书　　记　隋洪君（2016.1—2018.4）

（二）企管空分 PMT11 党支部领导名录（2018.4—9）

书　　记　汤明华（2018.4—9）

副 书 记　方浴宇（2018.4—9）

（三）企管国储基地党支部领导名录（2018.9—2020.2）

书　　记　汤明华（2018.9—2020.2）

副 书 记　方浴宇（2018.9—2020.2）

（四）企管法规部党支部领导名录（2020.2—12）

书　　记　汤明华（2020.3—12）

三、办公室设在企管法规部的非常设领导机构：绩效考核领导小组（2019.7—2020.9）

2019年7月，根据集团公司持续深化人事劳动分配制度改革的要求，为进一步发挥绩效考核的导向和激励约束作用，以“收入分配向骨干倾斜、向一线倾斜、向贡献大的岗位倾斜”为原则，成立公司绩效考核领导小组。主要职责：负责审定绩效考核制度；研究确定年度绩效方案、奖金发放事项；决策考核中的重要事项和方向。绩效考核领导小组下设办公室，设在企管法规部，负责绩效考核日常工作。

组　　长：党委书记、总经理

副 组 长：分管领导、财务总监督

成　　员：企管法规部、人力资源部、综合管理部、财务部、工程管理部、计划控制部、HSE中心、质量中心负责人

绩效考核领导小组办公室设在企管法规部，由公司分管领导、财务总监督任主任，企管法规部主要负责人任副主任，成员由企管法规部、人力资源部、综合管理部、财务部、工程管理部、计划控制部、HSE中心、质量中心组成。

第五节　计划控制部（2016.1—2020.12）

2010年3月，广东石化分公司设控制部；11月，控制部更名为计划控制部；2013年3月，公司撤销计划控制部，分别成立综合计划部、控制部；2014年6月，公司撤销控制部，将原控制部费控、合同及综合计划职能调整至综合计划部，同时将综合计划部更名为计划控制部。2016年1月1日，计划控制部在册员工7人，其中女员工1人，李明任主任。

企管法规部主要负责公司综合计划、投资计划的编制管理工作；负责费用、投资上报工作；负责向板块、规划计划部报批提前采购物资；负责建立公司生产经营统计指标体系，负责公司生产经营统计工作；组织制定计划管

理的工作流程，明确各有关专业主管部门计划管理的工作界面和工作责任；组织制定招标及合同管理的规章制度、工作流程并检查执行；负责市场准入管理工作；负责 EPC 承包商的招标，组织 EPC 和授权范围内的合同谈判、签订工作；组织处理授权范围内的合同变更，参与其他合同的谈判和签订工作，检查合同履行等情况；审核合同变更申请；负责组织处理非诉合同纠纷和合同索赔等事宜；负责项目投资管理体系的策划与建立，制定项目投资管理制度、工作流程、程序文件，明确各部门的投资管理工作界面和工作责任；负责组织审查项目设计概算专业统一规定；配合组织项目基础设计概算审查；负责项目总投资控制，负责对批准的项目总体设计概算、基础设计概算总投资进行分解；负责建立项目初始预算及投资管理目标；负责组织编制招标项目标底；负责审核各类工程费用，组织编制、审核工程预算、结算；审核各承包商的资金（费用）需求计划；负责预备费的审查与控制；配合项目固定资产交付及工程决算；负责工程造价咨询费的费用审查、分解与控制；组织编制全项目费用报告、费用统计工作。

2016 年期间，多途径、多渠道争取建设资金支持，完成 2016 年工程建设投资计划落实工作；结合项目实际，确定工程招标及工程承包合同调整原则；编制《广东石化建设方案工程招标及合同管理策划》，进一步规范合同管理。

2017 年期间，根据公司项目建设计划安排，计划控制部组织原油罐组Ⅳ、长输管线、雨水收集池、全厂性仓库（化学品库区）4 项工作的合同签订；发布《关于开展 2017 年现场施工任务所需合同前期工作的通知》，收集合同基础信息。

2018 年 4 月，公司党委决定：撤销机关第一党支部、机关第二党支部、工程管理部党支部，成立综合计划党支部，组成部门为综合管理部（党委办公室）和计划控制部；隋洪君任综合计划党支部书记，李明任综合计划党支部副书记。

2018 年期间，8 月，经与总部、炼油与化工分公司法律、招标管理等专业主管部门沟通，形成了《广东石化炼化一体化项目工程总承包招标合同方案》；因项目建设方案优化调整，建设规模调整为 2000 万吨 / 年炼油 +240 万吨 / 年芳烃 +120 万吨 / 年乙烯，新增化工部分用地，按照建设工程规划许可证申请办理有关规定，及大南海石化工业园管理部门要求，需提交新增使用土地的有关证明、批准文件，相关建构筑物设计条件或规划方案审批意见等材料，办理《炼化一体化项目建设工程规划许可证》。

2019 年 12 月，公司决定：马国通任计划控制部副主任。

2019 年期间，修订《项目管理手册》《总体部署》《项目投资控制手册》，进一步规范业务程序。

2020 年 2 月，公司党委决定：撤销综合计划党支部，成立计划控制部党支部。

2020 年 3 月，公司党委决定：李明任计划控制部党支部书记。

2020 年 7 月，公司党委决定：张元礼任计划控制部党支部书记，李明任党委巡察组巡察专员，免去其计划控制部党支部书记职务。公司决定：张元礼任计划控制部主任，免去李明的计划控制部主任职务。

2020 年期间，在竣工项目工程结算阶段，严格履行已签订 EPC/PC 合同，加强基础设计工程量与竣工图工程量的对比审核，确保“完工一项、结算一项、转资一项”；协同规划总院完成 APS 模型建模和校验，开展选油工作，完成中联油提供的 12 种原油的重油加工量的持续优化和效益核算工作。

截至 2020 年 12 月 31 日，计划控制部在册员工 10 人，其中女员工 2 人，设造价管理、费控管理、统计管理等岗位，党员 7 人。张元礼任主任，马国通任副主任；张元礼任党支部书记。部门领导班子成员分工如下：张元礼负责投资计划、生产期生产计划等工作，分管投资管理、计划、统计、文控岗位；马国通负责党支部组织工作、规划、投资控制等工作，分管费控岗位、控制岗位、造价岗位、概算岗位。

一、计划控制部领导名录（2016.1—2020.12）

主　　任　李　明（2016.1—2020.7）

　　　　　　张元礼（2020.7—12）

副 主 任　彭昌松（2016.1—8）[①]

　　　　　　马国通（2019.12—2020.12）[②]

① 2016 年 8 月，彭昌松辞职。

② 2016 年 8 月至 2019 年 12 月期间，计划控制部副主任空缺。

二、机关第一党支部—计划控制部党支部（2016.1—2020.12）

（一）机关第一党支部领导名录（2016.1—2018.4）

书　　记　隋洪君（2016.1—2018.4）

（二）综合计划党支部领导名录（2018.4—2020.2）

书　　记　隋洪君（2018.4—2020.1）

副 书 记　李　明（2018.4—2020.2）

（三）计划控制部党支部领导名录（2020.2—12）

书　　记　李　明（2020.2—7）

张元礼（2020.7—12）

三、办公室设在计划控制部的非常设领导机构

（一）招投标委员会（2011.1—2020.12）

2011 年 1 月，为规范广东石化项目招投标决策管理，结合项目招投标工作的实际情况，成立广东石化分公司招投标委员会，主要职责：负责贯彻执行国家、集团公司有关招投标管理的方针、政策、法律、法规及规章制度，组织建立招投标管理体系；依据公司的授权开展工作，对项目市场准入、招投标、合同管理工作全面负责；审查市场准入、招投标、合同管理制度及相关文件，并对执行情况进行监督检查；负责审核重大招投标事项，按职责权限审批承包商、供应商短名单；负责招投标项目的分级管理；负责审批招标方案，分解招标计划，按职责权限批准中标单位；负责协调解决招投标过程中出现的重大问题，负责界定各专业部门招投标工作责任、界面划分。招投标委员会下设办公室，设在计划控制部，负责招投标委员会日常工作。

截至 2016 年 1 月，组成人员如下：

主　　任：于江林

成员单位：综合管理部　人力资源部　财务部　法律事务部
综合计划部　审计监察部　工程管理部　商务部
控制部　设计管理部　生产准备中心　HSE 中心
设备管理中心　质量中心　信息中心

招投标委员会日常工作由综合计划部招投标办公室负责，梅新任办公室主任。

2020 年 8 月，根据公司领导分工和管理权限调整，对公司招投标委员会予以调整明确，调整后人员组成如下：

主　　任：张维波

副 主 任：汤明华

成员单位：企管法规部　财务部　纪委办公室（审计部）
计划控制部　商务部　工程管理部　设计管理部
HSE 中心　质量中心　设备管理中心
议题相关部门、PMT 根据需要参加会议

招投标委员会下设办公室，办公室设在企管法规部（招投标管理中心）。

（二）投资控制委员会（2013.12—2020.12）

2013 年 12 月，为加强广东石化项目投资控制管理工作，确保公司投资目标的实现，结合公司目前投资控制管理工作的实际，成立广东石化分公司投资控制委员会。投资控制委员会下设办公室，设在计划控制部，负责招投资控制委员会日常工作。

截至 2016 年 1 月，组成人员如下：

主　　任：于文魁

副 主 任：邵承宏　于江林　李锡均

成员单位：财务部　法律事务部　审计监察部　综合计划部
控制部　其他部门及 PMT 根据需要参加会议

投资控制委员会下设办公室，办公室设在计划控制部，李明任办公室主任。

2020 年 5 月，根据公司领导成员分工变化及各部门职责调整，对公司投资控制委员会成员及职责进行调整，调整后人员组成如下：

主　　任：瞿宾业

副 主 任：于文魁　李锡均　张维波　刘希民　李景耀　邵承宏

成员单位：财务部　企管法规部　审计部　计划控制部　商务部
工程管理部　设计管理部　PMT 根据需要参加会议

投资控制委员会下设办公室，办公室设在计划控制部，李明任办公室主任。

第六节　商务部（2016.1—2020.12）

2010年3月，广东石化分公司设商务部。2016年1月1日，商务部在册员工15人，其中女员工2人，于武任主任，孙志杰任副主任。

商务部主要负责制定物资采购策略，编制物资采购管理文件；负责接收物资需求计划；负责采购范围的划分；负责组织项目甲采物资采购招标、谈判和合同签订，组织催交、催运，联系供应商返设计条件；负责提出通用物资（指不需要签订技术协议的物资）供应商长名单，推荐供应商短名单；接收相关部门按职责组织推荐的物资供应商长（短）名单，提交招投标委员会或总经理办公会决策；负责供应商短名单向承包商发布；负责组织确定框架协议物资范围，签署框架协议；负责框架协议向承包商发布；负责监督框架协议及短名单的执行情况，按合同约定及相关规定考核承包商、供应商；负责办理“国家鼓励发展的内外资项目确认书”，组织办理减免税手续；负责组织签订进口物资委托代理采购合同；负责组织进口设备商检并办理索赔事宜；负责提出设备监造服务商的长名单，推荐短名单；负责组织编制甲采Ⅰ、Ⅱ级设备的监造计划（监造大纲）；签订委托监造合同，协调设备监造相关工作并监督执行；监督、考核承包商设备监造执行情况；负责提出仓储服务商长名单，推荐短名单，签订仓储服务合同；负责甲采物资的仓储管理工作；负责对承包商仓储管理监督；负责提出进口设备、国产长周期设备货代服务商长名单，推荐短名单，签订货运框架协议并监督执行；负责组织编制大件设备的运输方案、运输计划、运输应急预案并监督执行；负责编制甲采物资资金需求计划，负责办理甲采物资合同结算事宜；在承包商申请进度款时，核实承包商在甲控乙采材料的执行上是否存在违规现象，提出延迟付款或扣款意见；负责开工前各项生产物资的准备；负责甲采物资执行中国石油物资编码规则进行物资管理；负责组织各承包商统一按照中国石油物资编码规则在甲方物资管理平台的采购计划、合同备案管理；负责本部门合同、文档资料的管理工作；负责协调甲采物资供应商的售后服务和现场调试工作；负责审核承包商物资采购管理制度、采购工作程序、质量保证措施等相关文件，并监督其执行；负责废旧物资、工程余料、废包装物管理；负责物资采购供应商的管理和考核；负责项目建设期间产品销售业务的准备和协调工作。

2016 年期间，先后制订仓储保管业务《仓储保管业务暂行规定 》《巡回检查管理暂行规定》《库区安全防火暂行规定》《记录管理规定》等文件；编制《仓储设备作业指导书》，根据维护保养不同要求对设备进行等级划分（A 类、B 类、C 类），定期进行质量评定；同中石油物资沧州公司签订了进口设备仓储保管服务合同，开展异地仓储、保管及维护工作。

2017 年期间，修订《仓储设备作业指导书》等相关规定，进一步明确了现场仓储设备日常巡检、周（月）维护保养的内容及要求；修订《物资采购统一规定》，进一步明确采购制度和流程；持续做好进口设备的合同执行工作。

2018 年 4 月，公司党委决定：撤销机关第一党支部、机关第二党支部、工程管理部党支部，成立商务部党支部，于武任商务部党支部书记。

2018 年期间，结合公司项目管理手册，修订《物资采购供应商管理办法》《甲控乙采物资采购管理办法》等制度，进一步规范物资采购管理；组织开展普莱克斯采购的空分设备接收工作。

2019 年 1 月，公司党委决定：马文军任商务部党支部书记，免去于武的商务部党支部书记职务。公司决定：马文军任商务部主任，免去于武的商务部主任职务。

2019 年 6 月，公司党委决定：免去马文军的商务部党支部书记职务。公司决定：免去马文军的商务部主任职务。

2019 年 12 月，公司党委决定：张志远任商务部党支部书记，免去其设备管理中心党支部书记职务。公司决定：张志远任商务部主任，免去其设备管理中心主任职务。

2019 年期间，先后修订《物资采购供应商管理办法》《承包商采购管理办法》等原有 29 个制度合并为 15 个，进一步完善商务采购业务流程；围绕公司三制约、三关键等工作任务，完成项目关键节点上空分冷箱、挤压造粒机、乙烯三机等全部重要设备的采购工作，同时商务部启动了全项目的新增长周期设备的采购；落实了首批报废固定资产公开处置工作。

2020 年 4 月，公司决定：袁立民任商务部副主任。

2020 年 6 月，公司决定：李庆鹏任商务部副主任。

2020 年期间，贯彻落实集团公司提质增效专项行动工作会议精神，编制《广东石化炼化一体化项目采购提质增效专项行动实施措施》；全项目长周期设备共 1058 台（套），已全部完成合同签订工作；完成非长周期甲定乙采设备采购；启动大件设备催交催运工作，对接会议 12 次，赴关键设备厂家 10 余家进行现场协调及催交。

截至 2020 年 12 月 31 日，商务部在册员工 21 人，其中女员工 6 人，设原油原料采购管理、仪电采购管理、电子商务与物资仓储、系统供应商采购管理、管道采购管理、产品销售、三剂非金属采购管理、采购管理等岗位，党员 17 人。张志远任主任，孙志杰、袁立民、李庆鹏任副主任；张志远任党支部书记。部门领导班子成员分工如下：张志远负责贯彻执行股份公司、广东石化分公司物资采购的方针政策和规章制度，及项目物资采购管理制度，落实集团公司下达的物资采购任务；孙志杰负责综合管理、商务采购管理、党支部及行政等相关工作；袁立民负责物资采购计划、仓储、调运、监造、质检、稽核等管理工作，物质仓储的全面管理及仓储承包商的管理，到货设备、配件、材料入库前的验收，宣传等工作；李庆鹏负责生产所需原料采购、化工产品销售工作，生产所需原料采购、化工产品销售工作，生产原料采购、化工产品销售计划审核，结算工作。

一、商务部领导名录（2016.1—2020.12）

主　　任　于　武（2016.1—2019.1）

马文军（2019.1—6）①

张志远（2019.12—2020.12）②

副 主 任　孙志杰（2016.1—2020.12）

袁立民（2020.4—12）

李庆鹏（2020.6—12）

① 2019年3月，马文军涉嫌严重违纪违法，接受纪律审查和监察调查；6月，免去其行政职务；2020年，被开除党籍。

② 2019 年 6 月至 12 月期间，商务部主任空缺。

二、机关第一党支部—商务部党支部（2016.1—2020.12）

（一）机关第一党支部领导名录（2016.1—2018.4）

书　　记　隋洪君（2016.1—2018.4）

（二）商务部党支部领导名录（2018.4—2020.12）

书　　记　于　武（2018.4—2019.1）
马文军（2019.1—6）
张志远（2019.12—2020.12）[①]

第七节　工程管理部（2016.1—2020.12）

2010年3月，广东石化分公司设施工部；11月，施工部更名为工程管理部。2016年1月1日，工程管理部在册员工6人，其中由系统内炼化企业借调员工1人，梅新任主任，许少民任党支部书记，刘舰、郑树和任副主任，任志伟任主任助理。

工程管理部主要负责组织有关工程管理制度建设，部门整章建制、管理提升，组织编制修订工程建设实施阶段总体部署；负责承包商管理与考核，监理总协调管理与考核，承包商施工分包商监督管理，工程管理部负责范围的合同管理；负责三查四定、工程中间交接、工程交接归口管理，施工技术归口管理；负责组织工程竣工验收、工程综合协调会的组织、文控、纪要记录报告、人员考核以及考核等相关工作；配合做好外部协调、外部施工许可工作；负责全厂总平面管理与监督，全厂土方平衡，工程控制点管理，文明施工管理、监督与考核，商混站监督管理与协调，施工用水、电、路及承包商设施运维管理、防台防洪及应急工程管理，承包商设施与生活营地管理与监督，占道破路手续审批，施工界面协调，大件设备接运与厂内运输协调等工作；负责公司项目建设进度计划管理，组织编制项目一、二级进度计划，审批、督促落实项目三级进度计划；负责各级进度计划检测、动态跟踪与监督、预警、考核、提出纠偏要求；负责编制工程进展周报、月报编制，

① 2019年6月至12月期间，商务部党支部书记空缺。

负责工程统计；负责编制工程建设月主要工作计划等工作；负责公司文控管理（DCC），项目建设档案管理，工程建设施工过程技术文件管理，工程管理部文控与文档管理等相关工作。

2016 年期间，根据集团公司和公司要求，及项目实际情况，认真分析项目主要任务与制约因素，先后发布《广东石化 2000 万吨 / 年重油加工工程项目总体计划安排》《广东石化公司 2016 年项目建设计划安排一览表》《广东石化制约条件鱼刺图》《广东石化项目 2020 年建成、2020 年投产整体进度节奏安排建议》；3 月，发布《广东石化（一期）工程总体进度计划及主要任务安排》，为现场施工的有序开展提供了有力保障；受超强厄尔尼诺事件和“秋台风”影响，及时制定《2016 年厂区防台风及排洪防汛方案》，督促相关责任单位对各自属地开展抗台排洪工作。

2017 年期间，项目炼化一体化建设方案确定后，修订《项目文件编码管理办法》《广东石化公司项目竣工文件归档管理办法》，为现场的施工管理提供制度保障；按照公司统一部署，组织编制《项目建设计划手册（2017 年）》。

2018 年 4 月，公司党委决定：撤销机关第一党支部、机关第二党支部、工程管理部党支部，成立工程 PMT9 党支部，组成部门为工程管理部、PMT9，许少民任工程 PMT9 党支部书记，田立军任工程 PMT9 党支部副书记。

2018 年 9 月，公司党委决定：工程 PMT9 党支部更名为工程 PMT12 党支部，许少民任工程 PMT12 党支部书记，田立军任工程 PMT12 党支部副书记。公司决定：刘舰任码头运行部（PMT11）副经理（副处级），主持工作；免去刘舰的工程管理部副主任职务，郑树和的工程管理部副主任职务。

2018 年 10 月，公司决定：任志伟任工程管理部副主任（副处级）。

2018 年期间，配合完成了项目管理手册有关工程管理章节的修订工作，完成了“质量手册”“创优方案”中工程管理相关内容的修订工作；组织召开 32 期工程建设协调周例会，为完成各项工作计划提供了有力保障。

2019 年 9 月，公司决定：崔峥嵘任工程管理部主任，免去梅新的工程管理部主任职务。

2019 年 12 月，公司党委决定：崔峥嵘任工程 PMT12 党支部书记，许少民任工程 PMT12 党支部副书记，免去其党支部书记职务。公司决定：许少民任工程管理部常务副主任（正处级），薛巍任工程管理部副主任，王显来任工程管理部副主任。

2019 年期间，协同公司相关专业部门开展项目管理模式策划，形成了“IPMT+EPC+ 监理”的工程建设管理模式方案，并于 5 月得到了总部批复；组织办理原油码头、产品码头、厂前区、炼油区一联合、七联合、POX、化工区场平等 25 个主项单元施工；开展两期工程项目管理培训，共计培训 56 人次，提高了项目管理人员素质。

2020 年期间，加强与政府的沟通协调，推进化工区、火炬区、长输管线、五百亩生活营地生活污水处理设施等移交工作，为项目建设提供有力保障；重点全力攻坚乙烯、芳烃、POX、公用工程建设 4 个关键，逐步形成大干快上的施工场面；组织开展焊接管理、质量管理、现场签证管理、档案管理、计划管理、合同管理等各类专项培训 20 余次，提升管理人员的水平。

截至 2020 年 12 月 31 日，工程管理部在册员工 20 人，其中女员工 6 人，设施工管理、公用工程进度计划、施工总平面管理、工程合同管理、监理总协调、综合管理、综合计划、文档管理、档案管理等岗位，党员 15 人。崔峥嵘任主任，许少民任常务副主任，任志伟、薛巍、王显来任副主任；崔峥嵘任党支部书记，许少民、田立军任党支部副书记。部门领导班子成员分工如下：崔峥嵘负责工程总体进度管理、关键项目招投标、重大施工组织设计管理工作，负责工程管理部安全、质量管理等工作；许少民负责 QHSE 管理提升工作、监理总协调工作、PMT10 部工程项目立项、施工组织、开工报告、安全、质量、进度、招投标合同、总图工程款、承包商管理（含监理）、签证及外协工作等审批和业务管理等工作，分管项目施工安全、质量、进度、合同、承包商管理（含监理）、签证及外协等岗位；薛巍负责无损检测、焊接设计联络、外协管理工作、负责 PMT6 部、PMT7 部、PMT9 化工部分和 PMT12 化工区四通一平工程项目立项、施工组织、开工报告、安全、质量、进度、招投标合同、承包商管理（含监理）、签证及外协工作等审批和业务管理等工作，分管项目施工安全、质量、进度、合同、承包商管理（含监理）、签证及外协等岗位；任志伟负责大件吊装管理、征地征海管理、负责 PMT1 部、PMT2 部、PMT3 部、PMT4 部、PMT5 部、PMT8 部、PMT9

部、PMT11 部、PMT12 部、500 亩营地、基地和临电（化工区之外部分）工程项目立项、施工组织、开工报告、安全、质量、进度、招投标合同、承包商管理（含监理）、签证及外协工作等审批和业务管理等工作；王显来负责文控、档案、宣传和制度综合管理等工作，同时负责行政办公楼、中心控制室、全厂信息中心、中心化验室（含环保监测站）、会议中心、生产管理楼、综合服务楼、食堂和宿舍工程项目立项、施工组织、开工报告、安全、质量、进度、招投标合同、承包商管理（含监理）、签证及外协工作等审批和业务管理等工作。

一、工程管理部领导名录（2016.1—2020.12）

主　　任　梅　新（2016.1—2019.9）
　　　　　　崔峥嵘（2019.9—2020.12）
常务副主任　许少民（正处级，2019.12—2020.12）
副 主 任　刘　舰（2016.1—2018.9）
　　　　　　郑树和（2016.1—2018.9）
　　　　　　任志伟（副处级，2018.10—2020.12）
　　　　　　薛　巍（2019.9—2020.12）
　　　　　　王显来（2019.9—2020.12）

主任助理　任志伟（2016.1—2018.10）

二、工程管理部党支部—工程 PMT12 党支部（2016.1—2020.12）

（一）工程管理部党支部领导名录（2016.1—2018.4）

书　　记　许少民（2016.1—2018.4）

（二）工程 PMT9 党支部领导名录（2018.4—9）

书　　记　许少民（2018.4—9）
副 书 记　田立军（2018.4—9）

（三）工程 PMT12 党支部领导名录（2018.9—2020.12）

书　　记　许少民（2018.9—2019.12）
　　　　　　崔峥嵘（2019.12—2020.12）
副 书 记　许少民（2019.12—2020.12）
　　　　　　田立军（2018.9—2020.12）

第八节　设计管理部（2016.1—2020.12）

2010 年 3 月，公司成立技术部；11 月，技术部更名为设计技术部；2012 年 8 月，撤销设计技术部，分别成立技术部、设备部；2013 年 3 月，公司撤销技术部，成立设计管理部。2016 年 1 月 1 日，设计管理部在册员工 2 人，王中文任副主任。

设计管理部主要负责制定设计管理规定和工作流程，组织编制总体设计和基础设计进度计划，审定设计执行计划；组织可研报告及支持性文件的编制和报批；负责项目勘察、设计管理工作，制定勘察设计管理的规章制度、程序文件；负责 E ＋ PC、E ＋ P ＋ C、EP ＋ C 项目勘察、设计合同的谈判及签订工作。负责提供工程设计所需的基础数据、资料，组织召开设计单位之间的阶段性工程设计协调会，协调各工程主项之间的设计条件衔接；负责设计咨询、勘察、设计单位的资质审查、日常管理、评价与考核；负责对工程设计进度进行跟踪管理；协助组织设计审查，落实基础设计审查会议的各项部署；负责 HAZOP 审查；负责施工图会审的归口管理，组织施工图会审，参加设计交底；负责总图管理，制定总图管理规定、办理总图的有关审批手续；负责设计质量的总体管理，制定设计变更管理规定，对各 PMT 设计变更情况进行检查与考核，组织对重大的设计变更专题审查会议，并按权限进行上报审批；协调各单体设计之间的设计条件衔接和总体变更，协调设计阶段各部门与设计单位的关系；负责组织初步（基础）设计预审，配合股份公司审查和政府主管部门的专项审查；负责提前采购的设备和材料订货过程中的设计管理；负责采购过程中技术协议签订的组织及相关专业的设计协调工作；负责初步（基础）设计批复后的设计变更的审批管理；对各 PMT 的设计管理进行监督、检查、考核。

2016 年期间，协调配合华东院开展项目分期建设方案、加工海外份额油的深化研究方案、项目化工流程方案、项目炼油加芳烃加烯烃方案等研究工作；指派专人到中国石油规划总院、海外板块、中联油和寰球院进行协调对接，收集整理外部原油性质、份额油资源、成品油及化工产品国际市场等相关数据40余项，为完善方案编制提供有力支持，按期完成原油资源和产品销售市场专项研究报告和分期建设方案研究论证报告；协调规划计划部、炼化板块等总部相关部门，完成项目分期建设方案、加工海外份额油方案、化工流程方案以及各方案中投资及效益等对比情况的出版，并上报规划计划部；主动与生产运行六部、生产运行九部以及简称昆仑公司、四航院、水规院等总承包单位进行现场施工条件的梳理和对接，为加速现场施工创造条件；梳理分期建设方案影响，完成合同变更策划，完成“原油资源、产品市场及技术经济分析研究”和“丁辛醇产品市场及技术经济分析研究”两份合同的谈判、网上提交流转等相关程序，完成合同签订，并协调开展相关付款申请的办理工作，为合规管理打好基础；组织开展16个已批复初步设计主项单元基础设计文件修改和概算修编；协调召开码头库区施工图施工条件讨论会；主动与地方政府协调做好码头库区周边道路方案设计，协调水利院按期完成雨水排水箱涵的施工图设计，协调开展储备库可研前期调研及初勘方案审查。

2017年期间，组织寰球公司、寰球院、华东院等设计单位完成炼化一体化项目优化方案的编制和研究、可研报告的编制和调整、协调组织可研报告的评估和复评等工作，项目可研报告于11月15日顺利通过中国石油天然气集团公司董事长办公会、党组会及董事会的审议，并获得董事会的投资决策；完成原油码头6项设计变更的技术委员会、投资控制委员及总经理办公会的审核确认，协调设计审核确认，解决厂区围墙施工问题，协调西南院完善设计图纸，提交长输管线详细坐标数据，完成地管阴极保护施工，推动雨水收集池顺利施工；梳理项目建设方案变化影响，对已签订的共计110多个各类合同进行分类梳理和统计，完成合同变更策划；及时办理合同签订和付款手续，开展项目总体设计招标和合同变更谈判的前期准备工作；协调四航院完善码头消防专篇文件；主动与地方政府协调，完善厂区总图布置；开展储备库合同谈判，完成合同签订。

2018年4月，公司党委决定：撤销机关第一党支部、机关第二党支部、工程管理部党支部，成立设计质量信息党支部；组成部门为设计管理部、质量中心和信息中心，吕晓阳任设计质量信息党支部书记，龚辉设计质量信息党支部副书记。

2018 年期间，加强与寰球院、华东院等各参建设计单位协调沟通，完成总体设计审查；严格审查设计统一规定，规范项目设计标准；积极落实设计输入条件，夯实项目设计基础；积极推动基础设计进程，及时启动基础设计；全力推进智能工厂设计，完成总体设计专篇；配合协调“五化”专篇编制，完成标准化设计规定；协同环评报告编制，完善总体设计环保指标；指派专人紧密跟踪工艺包技术选择工作进度，全力协调设计单位提供有力的专业技术支持，协助开展技术选择工作。全程参与连续重整等 8 套原引进工艺包复核与升级、聚丙烯等新增引进工艺包 5 套、焦化石脑油加氢等 9 套新增国内工艺包的技术交流和技术澄清；排定项目基础设计编制和审查计划，确定按照 2019 年 3 月、5 月、7 月、9 月、12 月分 5 个批次完成基础设计文件编制和报审；完成系统公用工程总体设计和单体装置总体设计等 9 个合同的变更协议签订，积极推进新增合同进度；与吉林石化公司和吉林寰球设计院进行全面对接，明确吉林石化 ABS 项目依托内容；确认一体化项目燃气需求，对接天然气供应方案。

2019 年 1 月，公司决定：杨丽芳任设计管理部主任，王中文任设计管理部副主任，免去王中文的设计管理部主任职务。

2019 年 3 月，公司决定：连传敏任设计管理部副主任，免去连传敏的生产准备中心副主任职务。

2019 年期间，1 月，完成总体设计审查意见技术部分答复文件报送炼油与化工分公司，4 月 9 日获得总部批复文件；智能工厂总体设计 3 月通过集团公司审查，11 月，完成文件编制、预审查和总部审查，并于 12 月获得总部批复；4 月 4 日完成基础设计统一规定的升版，并发布 A00 版基础设计统一规定 141 项，至 2019 年年底完成了包括各主体装置、油品储运、炼油区公用工程、厂前区、码头工程等 161 个主项基础设计的交付；6 月底完成详细设计阶段所需的 25 个专业共计 139 项设计统一规定的编制，经审核确认后，于 7 月上旬完成发布；全年共组织工艺包设计审查 17 次，确立工艺技术选择、安全环保治理等多方面内容专题研究课题 100 余项，组织完成了产品码头陆域吹填区域等 10 个区域补勘，并完成相应勘察报告；组织总体院完成 11 项数字化交付统一规定及附录规定、公司“数字化交付管理办法”的编制并发布；完成广东石化项目建设相关配套依托工程的推进落实；

组织完成10个设计管理、7个技术管理、1个数字化管理和1个翻译管理共计19个管理制度及相对应的17个业务流程的修订和编制工作，并发布执行；完成翻译管理办法发布、码头工程调整可研报审和公司“十四五”规划编制。

2020年2月，公司党委决定：撤销设计质量信息党支部，成立设计质量党支部，组成部门为设计管理部、质量中心。

2020年3月，公司党委决定：杨丽芳任设计质量党支部书记；吕晓阳任设计质量党支部副书记。

2020年6月，公司决定：连传敏任化工生产二部常务副经理，免去其设计管理部副主任职务。

2020年期间，先后组织20余家设计单位、经过30余次的预审查和15个批次的总部审查，于11月18日圆满完成全部204个主项单元基础设计审查，12月30日项目总投资获得总部批复，标志着全项目投资决策圆满完成；根据基础设计批复情况，组织各相关设计单位及时启动详细设计工作，组织专人对各设计单位的TDR计划（详细设计进度计划）编制进行跟踪、对接和指导。同时，根据现场施工全面铺开的情况，组织各设计单位全面开展桩基和基础施工图专项计划梳理和跟踪工作；完成全部主体装置60%模型审查均已完成，90%模型审查陆续开展；全力推进广东石化项目建设相关配套依托工程的完善落实；组织各专业部门和PMT全面分析装置技术重点、难点，及时组织召开技术委员会、专题汇报会及讨论会，并将最终成果落实到基础设计文件中，有效提高项目设计、技术、管理质量和水平，按期顺利完成29个标包塔内件、41套燃烧器、13套反冲洗过滤器的技术选商，并协调做好返资工作，组织各PMT全面启动全厂共78项操作规程及对应操作卡、工艺卡片的编制工作；完成设计变更管理办法等18个管理制度修编和公司“十四五”规划终稿编制并上报炼化板块。

截至2020年12月31日，设计管理部在册员工17人，其中，女员工3人。设总体协调管理、计划工程师、数字化交付管理、项目管理、工艺技术管理、文控管理、翻译管理等岗位，党员10人。杨丽芳任主任，王中文任副主任；杨丽芳任党支部书记，吕晓阳任党支部副书记。部门领导成员分工如下：杨丽芳负责全面技术管理、技术委员会、科研、标准化管理、POX

灰渣处理、20万吨/年PP、详细设计进度管理、部门业绩指标、安全环保责任、廉政等全面工作、部门费用、党建、工会、人事管理、投资计划等工作，分管工艺技术管理岗位、总体协调管理岗位、翻译管理岗位；王中文负责合同管理、制度管理、对外协调、码头工程、长输管线、铁路、厂前区、勘察、审计、考核管理、劳动竞赛、文化宣传、规划、培训等工作，分管设计合同管理岗位、数字化交付管理岗位、文控管理岗位。

一、设计管理部领导名录（2016.1—2020.12）

主　　任　杨丽芳（2019.1—2020.12）[①]

副 主 任　王中文（主持工作，2016.1—2019.1；2019.1—2020.12）

　　　　　　连传敏（2019.3—2020.6）

二、机关第二党支部—设计质量党支部（2016.1—2020.12）

（一）机关第二党支部领导名录（2016.1—2018.4）

书　　记　王义东（2016.1—2018.4）

（二）设计质量信息党支部领导名录（2018.4—2020.2）

书　　记　吕晓阳（2018.4—2020.2）

副 书 记　龚　辉（2018.4—2020.2）

（三）设计质量党支部领导名录（2020.2—12）

书　　记　杨丽芳（2020.3—12）

副 书 记　吕晓阳（2020.3—12）

三、办公室设在设计管理部的非常设领导机构：技术委员会（2011.1—2020.12）

2011年1月，为加强对广东石化项目技术工作的组织领导，结合项目建设的实际情况，成立广东石化分公司技术委员会，主要职责：负责贯彻执行国家和集团公司有关技术、设计方面的方针、政策、法律、法规、标准及规章制度；负责制定项目技术工作的方针、目标，并组织落实；负责项目设计统一规定、基础设计、详细设计审查标准的审核，负责项目建设公用、通用条件的审核；负责项目重大设计变更的审查；负责项目拟采用重大技术方

① 2016年1月至2019年1月期间，主任空缺，由副主任王中文主持工作。

案的论证；负责对项目设计、技术方案提出意见，对设计过程中方向性和全厂性的设计技术问题进行审查；负责组织开展科研项目、技术攻关项目、专题研究立项及成果评定。技术委员会下设办公室，设在设计技术部，负责技术委员会日常工作。

截至2016年1月，组成人员如下：

主　　任： 李锡均

成员单位： 综合计划部　工程管理部　设计管理部　商务部
生产准备中心　设备管理中心　质量中心　HSE中心
信息中心　PMT1至PMT10

技术委员会下设办公室，设在生产准备中心，负责技术委员会日常工作，王义东任办公室主任。

2012年至2020年期间，广东石化分公司未再正式下文对领导小组组成人员进行调整。

第九节　审计监察部（纪委办公室）—纪委办公室（审计部）（2016.1—2020.12）

2010年11月，广东石化分公司设纪检监察室。2011年3月，纪检监察室更名为审计监察室。2013年1月，鉴于公司党委已经成立，党委下设纪委，纪委与审计监察室合署办公，审计监察室名称变更为审计监察部（纪委办公室）。2016年1月1日，审计监察部（纪委办公室）在册员工4人，其中女员工2人，禹雷明任主任。

审计监察部（纪委办公室）主要负责协助党委推进全面从严治党、加强党风廉政建设和反腐败工作，负责公司内部巡察日常工作；负责维护党的章程和其他党内法规，检查党的路线、方针、政策和决议的执行情况；负责监督执纪工作；负责依纪依法开展问责；负责指导、检查、督促所属党组织层层落实主体责任，把管党治党压力传导到基层；负责加强对公司纪检人员的日常教育、管理和监督；负责完成集团公司纪检监察组交办、督办的有关工作；负责研究制定内部审计业务工作标准、规范并组织实施；负责编制审计业务发展规划、年度审计计划并组织实施；负责组织实施审计项目，编制审计工作方案，审理审计报告，下达审计意见书和处理决定；负责组织督促审计发现问题整改工作，提出整改责任追究意见，检查整改落实情况，协调促进审计成果应用；负责组织审计项目质量监督检查及质量评价工作；负责审计统计分析及专项业务报告工作；负责配合上级部门对公司开展的审计、巡视、有关监督检查及责任追究联络工作。

2016 年期间，编制完成《存货基础信息表》，按时开展并完成存货重大专项审计；组织副处级以上领导学习了《打黑英雄缘何堕落》《心无纪律，行为底线》《破除潜规则》《四各镇领导受处分》《国资委四起违反八项规定通报》等 30 余篇文章。

2017 年期间，为进一步建立健全制度，发布《中共广东石化公司委员会关于贯彻落实中央八项规定精神的实施办法》《关于规范党委管理干部亲属经商办企业行为的实施办法（试行）》《广东石化公司 2017 年党风廉政建设和反腐败工作任务分工》《公司纪委关于加强和规范与党委管理干部谈话工作的实施办法（试行）》。

2018 年 4 月，公司党委决定：撤销机关第一党支部、机关第二党支部、工程管理部党支部，成立纪检党群党支部，组成部门为审计监察部（纪委办公室）和企业文化部（党群工作部），禹雷明任纪检党群党支部书记，于文忠任纪检党群党支部副书记。

2018 年 6 月，公司党委决定：曾宪会任党群工作部副主任、纪检党群党支部副书记；免去于文忠的工会副主席、党群工作部主任、纪检党群党支部副书记职务。

2018 年期间，修订《建设项目审计管理办法》，增强指导性，强化约束力；开展《2000 万吨 / 年炼油项目之全场强夯等部分工程结算审计》，控制建设投资；开展《工程管理方面制度执行情况审计》和《部分工程施工资料管理审计》，强化合规性管理；开展《建设单位管理费使用情况审计》，加强费用控制；论文《浅论建设期跟踪审计》荣获西南片组第三名，荣获集团公司 2018 年优秀审计二等奖。

2019 年 12 月，根据《中共中国石油天然气集团有限公司党组关于推进纪检监察体制改革的通知》文件精神，公司决定：审计监察部（纪委办公室）更名为纪委办公室（审计部），其部门职责不变。

2019 年 12 月，公司党委决定：禹雷明任审计部主任。

2019 年期间，先后修订了《党风廉政建设责任制实施办法》《落实党风廉政建设主体责任实施细则》《党风廉政建设责任书》，推动“两个责任”落到实处；修订了《立案调查程序》《线索处理程序》，进一步为依规执纪提供了制度保障；建立廉洁风险防控数据库，制定《广东石化公司推进廉洁风险防控工作实施方案》，依方案有序组织两个重要部门开展廉洁风险防控试点工作；修订了《内部审计管理办法》和《审计整改工作管理办法》，进一步细化内部审计范围；围绕项目建设实际，制定《广东石化公司炼化一体化工程建设项目监督工作实施方案》，强化职责落实，构建“大监督”格局；上报的《广东石化炼化一体化项目工程管理方面制度执行情况审计》项目，荣获集团公司优秀审计项目三等奖。

2020 年 2 月，公司党委决定：撤销纪检党群党支部，成立纪委办公室党支部。

2020 年 3 月，公司党委决定：禹雷明任纪委办公室党支部书记。

2020 年 6 月，公司党委决定：李大胜任纪委办公室副主任。公司决定：李大胜任审计部副主任。

2020 年 7 月，公司党委决定：李明任党委巡察组巡察专员，免去其计划控制部党支部书记职务。

2020 年期间，结合项目建设实际，跟踪监督推进公司提质增效专项行动，制定《提质增效专项行动监督工作方案》，确定监督指导思想，监督内容和监督方式；落实党风廉政建设责任制，制定《广东石化纪委日常监督工作规则》《广东石化党支部纪检委员考核办法》，完善监督体制，促进责任落实。

截至 2020 年 12 月 31 日，纪委办公室（审计部）在册员工 9 人，其中女员工 3 人，设审计管理、纪检管理、监督管理等岗位，党员 9 人。禹雷明任主任，李大胜任副主任；禹雷明任党支部书记。部门领导成员分工如下：禹雷明负责协助纪委书记开展党风廉政建设和反腐败工作，主持纪委办公室党支部、纪委办公室（审计部）全面工作，分管综合管理、信访审理、审计管理工作；李明负责公司党委巡察组的全面工作；李大胜协助主任负责纪委办公室（审计部）的全面工作，分管党风监督、合规管理监督、纪律审查工作。

一、审计监察部（纪委办公室）—纪委办公室（审计部）（2016.1—2020.12）

（一）审计监察部（纪委办公室）领导名录（2016.1—2019.12）

主　　任　禹雷明（2016.1—2019.12）

（二）纪委办公室（审计部）领导名录（2019.12—2020.12）

主　　任　禹雷明（2019.12—2020.12）

副 主 任　李大胜（2020.6—12）

巡察专员　李　明（2020.7—12）

二、机关第一党支部—纪委办公室党支部（2016.1—2020.12）

（一）机关第一党支部领导名录（2016.1—2018.4）

书　　记　隋洪君（2016.1—2018.4）

（二）纪检党群党支部领导名录（2018.4—2020.2）

书　　记　禹雷明（2018.4—2020.2）

副 书 记　于文忠（2018.4—6）

　　　　　曾宪会（2018.6—2020.2）

（三）纪委办公室党支部领导名录（2020.2—12）

书　　记　禹雷明（2020.3—12）

第十节　企业文化部（党群工作部）—企业文化部（党委宣传部）（2016.1—2020.12）

2014 年 6 月，广东石化分公司设企业文化部（党群工作部）。2016 年 1 月 1 日，企业文化部（党群工作部）在册员工 4 人，其中，于文忠任主任，杨昕任副主任。

企业文化部（党委宣传部）主要负责宣传党的路线、方针、政策；负责公司文化建设工作，负责公司精神文明建设；负责宣传报道和新闻舆论监督工作；负责企业形象策划及企业广告管理；负责员工政治理论、职业道德教育，党员思想教育，做好典型经验的总结、宣传和交流推广工作；负责公司统战工作；负责公司共青团工作；负责公司民主管理、政务公开以及职工代表大会筹备工作；负责计划生育、女工工作；负责员工疗休养、困难员工救助和送温暖活动；负责开展合理化建议、劳动竞赛、班组建设、劳动模范及各类先进的评选表彰工作。

2016 年期间，共召集党委中心组学习 12 次；按照集团公司加强新媒体管理的要求，上报《广东石化公司网评工作管理办法》，建立了公司网评员队伍，初步形成网评工作机制；举办《年鉴编辑体例讲座》，培训和指导各单位编辑的文字写作和摄影能力，以提高《年鉴》的整体质量；先后组织公司第三届摄影展、书法展和新春大合唱活动、首届趣味运动会，营造了廉洁文化、健康文化的氛围。

2017 年期间，共召集党委中心组学习 11 次；发布《关于认真学习宣传贯彻党的十九大精神的通知》，明确了十九大精神学习贯彻的要求、任务；发布“四合格四诠释”岗位践行活动方案，将岗位践行活动与项目建设攻坚年重点工作紧密结合；发布《意识形态工作责任制实施办法》，强化意识形态管控；发布《广东石化公司帮扶工作管理办法》，进一步规范帮扶工作管理程序；先后组织迎新春大合唱、环厂区骑行、第四届摄影展和书法展等大型文体活动，组队参加惠来县组织的篮球邀请赛、羽毛球邀请赛，与大南海园区等单位开展了乒乓球、足球友谊赛，全面活跃了员工队伍。

2018 年 4 月，公司党委决定：撤销机关第一党支部、机关第二党支部、工程管理部党支部，成立纪检党群党支部，组成部门为审计监察部（纪委办公室）和企业文化部（党群工作部），禹雷明任纪检党群党支部书记，于文忠任纪检党群党支部副书记。

2018 年 6 月，公司党委决定：曾宪会任党群工作部副主任、纪检党群党支部副书记；免去于文忠的工会副主席、党群工作部主任、纪检党群党支部副书记职务。公司决定：曾宪会任企业文化部副主任，主持工作，免去其人力资源部副主任职务；免去于文忠的企业文化部主任职务。

2018 年 10 月，公司党委决定：贝宁旭任团委副书记（副科级）。

2018 年期间，共召集中心组学习 11 次；与惠来县地税局主题党日地企共建活动；发布《宣传思想文化工作实施意见》《网络评论引导管理实施意见》，建立月（季）度考核机制，建立网评员管理机制；举办以“走进新时代，创造新辉煌”为主题的新春合唱会；先后组织公司第四届书法大赛，组队参加惠来县迎五一羽毛球邀请赛，与中国移动举办“向七一献礼、携手共建副中心”羽毛球联谊赛，与大南海园区、惠来县移动公司等单位开展了篮球、乒乓球、足球、羽毛球等友谊赛，全面活跃了员工业余生活。

2019 年 2 月，企业文化部（党群工作部）更名为企业文化部（党委宣传部），其主要职责不变。

2019 年 3 月，公司党委决定：曾宪会任党委宣传部副部长，主持工作，杨昕任党委宣传部副部长；免去曾宪会的党群工作部副主任职务，免去杨昕的党群工作部副主任职务。

2019 年 12 月，公司党委决定：曾宪会任党委宣传部部长。公司决定：曾宪会任企业文化部主任。

2019 年期间，共召集中心组学习 18 次；先后制修订《贯彻执行〈中国共产党党委（党组）理论学习中心组学习规则〉实施办法》《意识形态阵地管理办法》《统一战线工作管理办法（试行）》等 9 项管理制度，制度体系更加健全完善；结合“不忘初心、牢记使命”主题教育专题调研，总结形成公司党建研究成果《广东石化公司激发干部员工干事创业活力的探索与实践》，获集团公司党建研究成果优秀奖；以塑造企业良好形象为目的，接待中央和省、市等地方主流媒体、相关单位现场采访参观 30 余次，在中国石油报、集团公司网站，省、市级地方主流媒体发稿 64 篇，“广东石化加速建设”入选集团公司 2019 年度十大新闻。

2020 年 2 月，公司党委决定：撤销纪检党群党支部，成立企业文化部党支部。

2020 年 3 月，公司党委决定：曾宪会任企业文化部党支部书记。

2020 年期间，共召集中心组学习 19 次；制定《新闻宣传工作考核细则》，规范新闻稿件发布审核流程；修订《意识形态责任制实施办法》，进一步明确管理职责和内容；开展正面宣传、专题宣传等，设计制作专题网页 3 个，在石油报、集团内网、南方网、揭阳日报等外部媒体发稿 60 多篇；

组织开展媒体开放日活动，邀请南方日报等7家媒体单位到项目建设现场采风，树立了良好企业形象。

截至2020年12月31日，企业文化部（党委宣传部）在册员工6人，设文化宣传管理、工会管理、团委管理等岗位，党员6人。曾宪会任主任，贝宁旭任团委副书记；曾宪会任党支部书记。领导成员分工如下：曾宪会主持企业文化部（党委宣传部）全面工作，负责文化建设宣传、意识形态、工会、团委、年鉴、统战等工作。

一、企业文化部（党群工作部）—企业文化部（党委宣传部）（2016.1—2020.12）

（一）企业文化部（党群工作部）领导名录（2016.1—2019.2）

主　任（部　长）　于文忠（2016.1—2018.6）[①]

副主任（副部长）　曾宪会（主持工作，2018.6—2019.2）

杨　昕（2016.1—2019.2）

（二）企业文化部（党委宣传部）领导名录（2019.2—2020.12）

主　任（部　长）　曾宪会（2019.12—2020.12）[②]

副主任（副部长）　曾宪会（主持工作，2019.2—12）

杨　昕（2019.2—12）

（三）其他管理人员名录（2018.10—2020.12）

团委副书记　贝宁旭（2018.10—2020.12）

二、机关第一党支部—企业文化部党支部（2016.1—2020.12）

（一）机关第一党支部领导名录（2016.1—2018.4）

书　记　隋洪君（2016.1—2018.4）

（二）纪检党群党支部领导名录（2018.4—2020.2）

书　记　禹雷明（2018.4—2020.2）

副书记　于文忠（2018.4—6）

---

① 2018年6月，于文忠调离公司。2018年6月至2019年2月期间，企业文化部（党群工作部）主任（部长）空缺。

② 2019年2月至12月期间，企业文化部（党委宣传部）主任（部长）空缺。

曾宪会（2018.6—2020.2）

（三）企业文化部党支部领导名录（2020.2—12）

书　　记　曾宪会（2020.3—12）

第三章　直属单位

根据股份公司机构设置批复，广东石化分公司采用扁平化管理模式科学设置组织机构。截至 2016 年 1 月 1 日，广东石化分公司设 5 个中心：HSE 中心、质量中心、生产准备中心、设备管理中心、信息中心（PMT10）。

2018 年 9 月 6 日，根据集团公司人事部《关于广东石化分公司机构编制调整的批复》的精神，对公司组织机构进行调整完善。

截至 2020 年 12 月 31 日，广东石化分公司设 5 个直属单位：设生产准备中心、设备管理中心、HSE 中心、质量中心、信息中心。

第一节　HSE中心（2016.1—2020.12）

2010 年 11 月，公司撤销技术部 HSE 组，成立 HSE 部。2011 年 3 月，HSE 部更名为健康安全环保部。2013 年 3 月，健康安全环保部更名为 HSE 中心。2016 年 1 月 1 日，HSE 中心在册员工 12 人，邱继丹任主任，余春青、屈德君任副主任。

HSE 中心主要负责传达贯彻国家、地方政府和集团公司的 HSE 相关法律法规、标准规范、规章制度；负责制定公司 HSE 规章制度、HSE 技术标准，并检查执行情况；负责建立 HSE 管理体系并规范运行；负责 HSE 监督管理工作；监督检查工程监理单位和承包商 HSE 管理体系的建立和运行情况；负责组织对现场施工过程的 HSE 管理进行策划、监督、检查、考核；负责应急预案体系的建设和实施，负责组织应急预案的培训和演练；组织、监督应急物资的配置；参与项目设计审查；负责联系协调地方政府安全、消防、环保和职业卫生等主管部门参加基础设计和详细设计审查；负责审核承包商、供应商 HSE 资质；监督检查承包商重大施工技术方案和施工组织设计中健康安全环保部分的编制及执行情况；负责组织对进入现场工作人员进行安全教育，查验特殊工种作业证；负责建设单位特种作业人员培训、取证；负责组织项目建设期各类专项 HSE 培训；负责对承包商 HSE 培训工作进行监督管理；按公司计划组织开展公司内部员工的 HSE 培训，落实公司年度 HSE 培训计划；负责组织审查项目建设的危害识别、评价及采取的措施，并监督实施；负责审核事故隐患治理方案，并检查安全技术措施的落实情况；负责 HSE 专项费用、应急费用使用、控制、监督、检查；负责安全技术研究，负责承包商 HSE 合同文本、员工安全合同文本的制定和解释；负责消防、环保管理及劳动保护工作，组织职业病防治、职业病评价工作；组织公司员工健康体检及职业健康体检，建立健全员工健康监护档案；负责公司员工工伤申报工作；负责对承包商入场人员体检情况进行审核；负责协调项目劳动安全、卫生评价、环境影响评价及消防的申报和验收工作；负责组织对人身伤亡、交通、火灾爆炸、环境污染等各类事故的调查、处理及上报工作，在授权范围内进行处理或提出处理意见；定期统计上报百万工时；负责组织 HSE 检查与考核评比，提出奖罚处理意见并落实；负责项目施工现场的安全保卫管理、交通安全管理；负责 HAZOP 分析的培训和策划，监督检查 HAZOP 分析工作和相应安全措施的落实；负责联系地方安全、环保、消防、劳动保护、职业卫生等主管部门协调处理相关事宜；负责组织协调环境监理单位开展工程环境监理工作，并对环境监理单位进行监督和考核；负责外排污染物（包括废水、废气、废渣）的外委处理、处置、综合利用；负责组织对环境污染的监测工作，监督“三废”治理和噪声防治等措施落实；负责组织项目 HSE 例会，并负责组织编制项目 HSE 月报；负责消防、气防、医疗、保卫队伍的建设及管理和监督工作；负责对安全、环保、消防、职业卫生等装备、设施的“三同时”情况进行监督检查。

2016 年期间，按照公司制度流程梳理工作会议要求，组织开展 HSE 制度合规评审并修订发布“建设项目三同时管理程序”“环境保护管理程序”等 7 个管理程序及办法；组织召开 HSE 委员会，审议发布《应急预案》、《项目 HSE 管理手册》《安全环保责任制》3 项 HSE 文件；修订出台《现场承包商 HSE 考核处罚细则》，持续开展 HSE 管理体系、应急管理体系建设，狠抓现场 HSE 监管及隐患治理，严把风险管控的关键环节，为公司 HSE 体系有效运行打下良好基础。

2017 年期间，依据国家新版法规政策和项目进展，理顺优化项目 HSE

方面16项支持文件办理流程，建立项目“三同时”工作清单，编制印发《项目建设“三同时”指南》依法合规推进炼化一体化项目核准和环评工作，圆满完成PMT11环评、安评等6项支持文件政府许可工作；持续有效开展HSE管理制度建设工作，修订完善《项目HSE管理策略》，编制发布《环境事件管理办法》《承包商HSE费用管理办法》。

2018年4月，公司党委决定：撤销机关第一党支部、机关第二党支部、工程管理部党支部，成立HSE中心党支部；邱继丹任HSE中心党支部书记。

2018年期间，按照公司工作会议精神和要求，围绕项目建设和HSE目标，做好现场HSE监管工作，开展工程过程安全管理，开展现场HSE体系、应急、交通保卫等管理工作，推进项目“三同时”工作，完成项目管理手册HSE篇章、HSE管理手册和HSE制度流程修订完善；开展项目环评、安评、职评等政府审查工作，完成HSE 8项专题报告，并把成果融入设计中；8月成立项目HSE联合委员会。

2019年期间，完成广东石化炼化一体化项目环评、安评等12项政府许可项目，完成一体化项目42套装置85项HAZOP分析，积极开展各装置基础设计的HSE专业内审，并依据统一规定要求和环评、安评、职评及能评过程中专家审查意见，积极配合项目基础设计审查工作，在各装置预审查会上累计提出HSE审查意见近500条，为项目HSE设施设计及验收打下坚实基础；严格落实风险防控措施，及时开展查出问题整改验收和HSE绩效考评；按照集团公司应急预案管理要求，结合项目建设现场实际修订完成公司级应急预案15份，持续开展现场应急建设和交通保卫工作，有效提升现场应急处置能力，推动现场交通保卫工作。

2020年6月，公司党委决定：王自顺任HSE中心党支部书记，免去邱继丹的HSE中心党支部书记职务。公司决定：王自顺任HSE中心主任，李淑清任HSE中心副主任，邱继丹任企管法规部副主任（正处级），免去其HSE中心主任职务。

2020年期间，按照公司2020年工作会议对HSE工作部署安排，重新修订公司各级安全环保责任制；持续推动承包商建立主动管理机制，为构建良好的项目建设安全环保长效工作机制打下了较好基础；推进承包商入场培训考试手机 App 答题和入场培训课件视频制作和开发，确保及时投用；加强施工机械入场管理和承包商现场管理考评工作；完成了长输管线防洪评价工作，交通部码头航道通航条件评价、产品码头重件泊位通航安全评价工作，码头工程废弃物海洋倾倒许可证及三次变更手续；持续开展 HSE 体系内审，强化问题整改，推进 HSE 体系有效运行；审查生活营地临时污水处理站复建方案，并监督恶臭污染控制措施的落实。结合厂界环境监测站、VOCs 泄漏检测溯源系统技术文件编制，有序开展污染防治设施、环境监测等技术调研和交流。

截至 2020 年 12 月 31 日，HSE 中心在册员工 14 人，设职业卫生岗位、安全监督岗位、消防保卫管理岗位、HSE 培训管理岗位、环保管理岗位等，其中党员 12 人。王自顺任主任，屈德君、李淑清任副主任；王自顺任党支部书记。部门领导班子成员分工如下：王自顺负责 HSE 中心全面工作、奖金考核、人事管理等工作；屈德君负责环保、职业卫生、三同时（安全、环保、职防、消防）、党务、综合事务、非生产部门协调等工作，分管环保岗位、职业卫生岗位、HSE 培训管理岗位；李淑清负责现场安全监督、交通保卫、应急消防、安全技术、生产部门协调、PMC 人员管理等工作，分管安全监督管理岗位、消防保卫管理岗位。

一、HSE 中心领导名录（2016.1—2020.12）

主　　任　邱继丹（2016.1—2020.6）
　　　　　　王自顺（2020.6—12）
副 主 任　余春青（2016.1—7）[①]
　　　　　　屈德君（2016.1—2020.12）
　　　　　　李淑清（2020.6—12）

二、机关第二党支部—HSE 中心党支部（2016.1—2020.12）

（一）机关第二党支部领导名录（2016.1—2018.4）

书　　记　王义东（2016.1—2018.4）

（二）HSE 中心党支部领导名录（2018.4—2020.12）

书　　记　邱继丹（2016.1—2020.6）

① 2016 年 7 月，余春青调离公司。

王自顺（2020.6—12）

三、办公室设在 HSE 中心的非常设领导机构

（一）HSE 委员会（2011.1—2020.12）

2011 年 1 月，为确保广东石化项目安全环保等工作受控，保证 HSE 体系的有效运行，结合项目建设的实际情况，成立广东石化分公司 HSE 委员会，主要职责：负责贯彻执行国家、集团公司有关 HSE 的方针、政策、法律、法规及规章制度；负责审定项目 HSE 方针、目标，HSE 管理工作规划、计划，并对实施情况进行监督检查；负责组织建立项目 HSE 管理体系，并监督体系的运行和持续改进；研究项目的重大健康、安全、环保事项，审核上报重大健康、安全、环保、工业卫生等方面的措施及方案；研究部署 HSE 年度工作、重点工作，决策公司安全、环保等重大问题，组织建立 HSE 工作的考核奖惩机制；负责组织应急预案编制工作，负责组织各类事故的救援、调查及处理；负责建立健全 HSE 管理机构，听取 HSE 方面的工作汇报，协调解决存在的问题，组织建立全员 HSE 岗位职责；负责批准重大安全、环保技术方案；研究决定有关项目 HSE 工作的其他重大问题。HSE 委员会下设办公室，设在 HSE 中心，负责公司日常工作。

截至 2016 年 1 月，组成人员如下：

主　　任：魏　强

成　　员：姜　文　于文魁　于江林　李锡均　刘希民　邵承宏
隋洪君　王宏伟　禹雷明　汤明华　梅　新　李　明
许少民　于　武　王中文　王义东　张志远　吕晓阳
邱继丹　龚　辉　范　庆　郭　利　孙大勇　孙　涛
谷学立　何秀云　边兴福　方浴宇　殷洪权

HSE 委员会下设办公室，设在 HSE 中心，负责 HSE 委员会日常工作，邱继丹任办公室主任。

2019 年 5 月，根据公司副总师以上领导成员分工和组织机构调整情况，对公司 HSE 委员会进行调整，调整后人员组成如下：

主　　任：陈俊豪

副 主 任：李锡均　于文魁　于江林　刘希民　胡张兴　李景耀
邵承宏　花小兵

成　　员：邱继丹　隋洪君　王宏伟　潘德宁　汤明华　禹雷明
曾宪会　李　明　孙志杰　梅　新　杨丽芳　吕晓阳
王义东　张志远　龚　辉　范　庆　郭　利　孙大勇
文　革　顾宗军　边兴福　谷学立　何秀云　刘　舰
田立君

HSE 委员会下设办公室，设在 HSE 中心，负责 HSE 委员会日常工作，邱继丹任办公室主任。

2020 年 9 月，因组织机构调整、人员变更，HSE 委员会调整为：

主　　任：康志军

副 主 任：李景耀

成　　员：于文魁　张维波　李锡均　刘希民　胡张兴　瞿宾业
邵承宏　花小兵　王立新　郑海涛　工宏伟
各部门、中心主任

HSE 委员会下设办公室，设在 HSE 中心，负责 HSE 委员会日常工作。

（二）项目联合 HSE 委员会（2020.10—2020.12）

2020 年 10 月，为贯彻落实集团公司《关于进一步健全和加强企业 HSE 专业委员会工作的通知》要求，切实加强对公司安全生产活动过程，成立广东石化分公司项目联合 HSE 委员会，主要职责：负责贯彻执行国家、地方政府和总部有关 HSE 的法律、法规、方针及要求；负责协调项目各相关方按照合同约定落实安全环保责任；研究解决项目安全生产工作重大问题；定期组织联合检查和应急演练；审定年度安全生产先进单位、集体和先进工作者，决定表彰事宜；审核公司突发事件总体应急预案，负责对项目发生的事故及时组织应急救援和处理工作；组织对上报的事故的调查处理，按规定权限审批事故调查报告，批准善后处理及制定整改措施的决定；审定安全生产年度工作计划、考核目标和奖惩方案，并督促计划、方案的落实。项目联合 HSE 委员会下设办公室，设在 HSE 中心，负责项目联合委员会日常工作。

主　　任：康志军

副 主 任：李景耀

成　　员：张维波　李锡均　刘希民　胡张兴　瞿宾业　邵承宏

花小兵　王立新　郑海涛　王宏伟

各部门、中心主任　总承包单位负责人

项目联合 HSE 委员会办公室设在 HSE 中心，负责项目联合 HSE 委员会日常工作，王自顺任办公室主任。

（三）HSE 管理提升项目推进领导小组（2013.12—2016.7）

2013 年 12 月，根据集团公司安全环保部部署，广东石化分公司与杜邦公司合作 HSE 管理提升项目（以下简称项目），项目将于 2014 年 1 月正式启动，期限 3 年，成立 HSE 管理提升项目推进领导小组。主要职责：负责项目总体策划、协调、督导；负责领导推进办公室完成各项工作任务；负责对各部门、中心、PMT 及推进办公室工作计划完成情况和实施效果进行考评。HSE 管理提升项目推进领导小组下设办公室。

截至 2016 年 1 月，组成人员如下：

1. HSE 管理提升项目推进领导小组

组　　长：魏　强　姜　文

副 组 长：李锡均　邵承宏

成　　员：于文魁　于江林　刘希民　隋洪君　王宏伟　梅　新

禹雷明　汤明华　李　明　许少民　王中文　于　武

邱继丹　吕晓阳　王义东　张志远　龚　辉　范　庆

郭　利　孙大勇　孙　涛　谷学立　何秀云　边兴福

方浴宇　殷洪权

2. HSE 管理提升项目推进领导小组办公室

主　　任：屈德君　蔡　辉（杜邦项目经理）

成　　员：李占军（专职）沈立彬（专职）杨　林（专职）

郭家传（杜邦顾问）赵明宪（杜邦顾问）

曹长清（杜邦顾问）

兼职人员 4 人（生产准备中心、设计管理部、工程管理部、人力资源部、质量中心、设备管理中心、综合管理部、HSE 中心每个部门派出 1 人，以上人员分 2 批定期轮换）。

2016 年 7 月，HSE 管理提升项目已基本完成既定工作任务，根据实际工作需要，对 HSE 管理提升项目办公室机构作如下调整：HSE 管理提升项目办公室设在HSE中心，负责HSE管理提升日常工作，办公室主任由屈德君兼任，不再单独设立HSE管理提升项目办公室机构。

第二节　质量中心（2016.1—2020.12）

2010年11月，公司成立QA/QC部。2011年3月，QA/QC部更名为质量管理部。2013年3月，质量管理部更名为质量中心。2016年1月1日，质量中心在册员工4人，吕晓阳任主任。

质量中心主要负责贯彻执行国家及总部质量政策、法规、制度；贯彻执行广东石化炼化一体化项目的质量方针、质量目标；负责项目实施阶段全过程质量管理。建立项目的质量管理体系，组织编制质量管理程序文件，审查各参建单位的质量管理体系，并对实施过程质量管理运行情况进行监督；负责组织第三方检测机构的资质审查、合同签订与履行，组织第三方检测机构招标，参与监理单位、承包商、工程质量检测单位、设备监造单位的资质审查，参与重要设备、材料采购的技术与商务谈判；参与施工组织设计及重大施工方案审查，监督检查施工质量保证措施的落实；组织检查各部门、PMT、承包商以及供应商执行质量标准情况；监督检查设备监造及设备材料入库的质量管理运行情况；负责监督第三方检测机构进行材料检验、现场质量检测；负责分阶段组织进行工程质量监督抽查，督促质量问题的处理；负责受理供应商、监理单位、承包商等参建单位的工程质量咨询和质量投诉。负责组织处理工程建设中的质量事故的调查、分析和上报，在授权范围内处理工程质量责任事故或提出处理意见；负责组织编制全项目质量月报；负责组织工程建设质量联合检查、评比活动。

2016年期间，通过强化培训，推行“管工作必须管质量、全员参与质量管理”的理念；通过质量体系评审、专项检查、日常巡查等方式，全面完成了绩效合同及公司职代会确定的主要工作任务，全年项目共验收检验批15198批次，验收分项工程1245个验收分部工程137个，合格率均为100%。

2017年期间，根据集团公司管理文件的要求，修订《项目质量管理手册》，进一步完善质量体系建设；通过组织开展质量宣传、质量培训、体系审核、“质量月”活动、质量排查和专项检查等质量活动，加强日常巡检，组织第三方监督抽验，紧盯工程现场，不断提升质量管控能力，项目全年共验收检验批 1368 批次，验收分项工程 53 个，验收分部工程 1 个，合格率均为 100%。

2018 年 4 月，公司党委决定：撤销机关第一党支部、机关第二党支部、工程管理部党支部，成立设计质量信息党支部，组成部门为设计管理部、质量中心和信息中心；吕晓阳任设计质量信息党支部书记，龚辉任设计质量信息党支部副书记。

2018 年期间，修订《项目管理手册》，进一步完善质量管理策略；组织 PMT 督促承包商落实《广东省交通运输厅》1222 文件要求，开展“交通建设项目工程使用建材质量安全专项整治工作”，并按要求向省工程质量管理处回复。

2019 年期间，修订《项目质量管理手册》，明确责任部门及分工，确定项目质量目标；修订《项目创优规划》，确定了炼化一体化项目创建国家优质工程的目标；组织开展项目质量管理相关培训，开展承包商质量体系审核，全年完成 60 名考试合格焊工办理了《焊工准入证》；8 月 15 日，召开《中国石油广东石化炼化一体化项目工程质量监督方案》审查会，9 月 4 日获总站批复。

2020 年 2 月，公司党委决定：撤销设计质量信息党支部，成立设计质量党支部，组成部门为设计管理部、质量中心。

2020 年 3 月，公司党委决定：杨丽芳任设计质量党支部书记，吕晓阳任设计质量党支部副书记。

2020 年期间，先后修订《工程检测质量管理办法》《混凝土工程质量管理办法》《工程质量信息管理办法》等管理文件，完成《焊接工程技术质量管理办法》《焊接工程信息与标识管理办法》《焊接材料质量管理办法》《热处理质量管理办法》4 个焊接文件合并 1 个《焊接工程质量管理办法》，发布《储罐工程施工质量检查实施细则》《球罐工程施工质量检查实施细则》等专业施工质量检查实施细则，进一步落实施工质量管控；全年累计完成“四个关键”工程 162 项单项工程质量监督注册工作，强化施工质量关键环节管控，全年组织了土建、地管等专题会共计 8 次；强化施工准备阶段的质量管理，监督检查承包商质量计划审核状态，全年完成 PMT 质量计划审核共计 9 份；组织专项检查，全方位推进质量控制，对无损检测射线底片进行抽查，对炼油区一级地管无损检测单位的射线底片 856 张进行抽检复评，实施有效监督；强化焊接质量管理，全年共抽查 74 份焊接工艺评定；对入场焊工实行 100% 准入考试管理，全年共计签发焊工准入证 1593 个。

截至 2020 年 12 月 31 日，质量中心在册员工 5 人，其中女员工 1 人，设质量管理、体系管理岗位，党员 2 人。吕晓阳任主任；杨丽芳任党支部书记，吕晓阳任党支部副书记。部门领导成员分工如下：吕晓阳主持质量中心全面工作，负责工程质量管理、质量监督、建立工程质量管理体系、资格审查等工作。

一、质量中心领导名录（2016.1—2020.12）

主　　任　吕晓阳（2016.1—2020.12）

二、机关第二党支部—设计质量党支部（2016.1—2020.12）

（一）机关第二党支部领导名录（2016.1—2018.4）

书　　记　王义东（2016.1—2018.4）

（二）设计质量信息党支部领导名录（2018.4—2020.2）

书　　记　吕晓阳（2018.4—2020.2）

副 书 记　龚　辉（2018.4—2020.2）

（三）设计质量党支部领导名录（2020.2—12）

书　　记　杨丽芳（2020.3—12）

副 书 记　吕晓阳（2020.3—12）

第三节　设备管理中心（2016.1—2020.12）

2012 年 8 月，公司成立设备部。2013 年 3 月，设备部更名为设备管理中心。2016 年 1 月 1 日，设备管理中心在册员工 67 人，其中女员工 8 人，设设备组、电气组和仪表组等 3 个专业组，张志远、张江、宋晓昱、徐丽任部门副主任。

设备管理中心主要负责贯彻执行国家和上级有关设备管理的规章制度和规定，落实本企业设备管理方针、目标；负责制定本企业设备管理制度、标准、规程和工作规划，并组织落实；负责设备设计方案审查；负责确定设备物资采购框架协议范围；负责确定国内外设备物资分交方案；负责提出设备供应商长（短）名单；负责设备及备品配件供应商的准入审查，提出设备及备品配件供应商长（短）名单；负责制定设备备品配件消耗定额和储备定额；负责设备采购过程中技术协议的签订及技术审查；负责制定设备监造清单、划分长周期关键设备关键等级；负责设备综合管理平台建设工作，落实设备基础资料管理；负责组织设备检维修工作；负责设备维护与检修承包商管理；负责特种设备、锅炉、压力容器的管理；负责设备润滑、防腐、密封管理；参加竣工验收，确认设备试车条件；负责设备管理指标考核工作；负责设备全过程管理。

2016 年期间，全年共完成了设备专业 112 家供应商、电气专业 83 家供应商、仪表专业 92 个国产制造商的入网及年审工作；设备综合管理平台建设工作持续推进，对 MR 文件、技术协议等资料进行动态跟踪，仪表专业依据现阶段的资料完成了便携式有毒有害可燃气体报警器台账录入工作，录入便携式报警器信息 256 台、检定证书编号信息 422 条，实现了报警器设备的动态管理。

2017 年期间，修订完善《设备备件和专用工具随机采购方案》《设备综合管理平台建设管理办法》《离心泵用机械密封技术方案》等 3 项设备技术方案；完成《设备关键等级管理办法》《乙采设备材料监造管理办法》《特种设备（安全监督）管理办法》《建设期计量器具检定管理办法》4 项设备管理制度；完成《广东石化项目化工装置关键设备调研报告》《广东石化项目乙烯三大机组国产化可行性调研报告》。

2018 年 4 月，公司党委决定：撤销机关第一党支部、机关第二党支部、工程管理部党支部，成立设备管理中心党支部；张志远任设备管理中心党支部书记。

2018 年 9 月，公司决定：张江任生产准备中心质检化验负责人（副处级），免去其设备管理中心副主任职务。

2018 年期间，修订《设备关键等级管理办法》《乙采设备材料监造管理办法》《特种设备（安全监督）管理办法》《建设期计量器具检定管理办法》

《设备综合管理平台建设管理办法》等设备管理制度，进一步加强和提升设备专业技术管理水平；编制《埋地管道阴极保护系统管理办法》及《埋地管道阴极保护系统恒电位仪操作规程》，确保阴极保护系统安全平稳。

2019 年 12 月，公司党委决定：王立新兼任设备管理中心党支部书记；张志远任商务部党支部书记，免去其设备管理中心党支部书记职务。公司决定：王立新兼任设备管理中心主任；方浴宇任设备管理中心副主任（正处级），免去其公用工程部（PMT9）副经理职务；张志远任商务部主任，免去其设备管理中心主任职务。

2019 年期间，组织设计院和国内外设备制造企业就项目已采购设备召开专项技术对接会，研究已到货设备再利用技术方案；完成机电仪设备 49 个框架的梳理，与设计院结合编制框架采购技术询价文件，落实框架采购批次；完成硫磺[①]回收装置、延迟焦化装置、原油罐组、重油中间罐组等 69 套装置和设施的 SIL 评估的定级工作。完成硫磺回收装置、原油罐组等 53 套装置及罐组 SIL 评估的预验证工作。

2020 年 3 月，公司党委决定：方浴宇任设备管理中心党支部副书记。

2020 年 6 月，公司党委决定：潘延君任设备管理中心党支部副书记，免去王立新兼任的设备管理中心党支部书记职务。公司决定：潘延君任设备管理中心副主任（主持工作）；免去王立新兼任的设备管理中心主任职务。

2020 年 7 月，公司党委决定：免去方浴宇的设备管理中心党支部副书记职务。

2020 年期间，严格按照“五管”要求，做到管设备、管设计、管采购、管项目、管现场，强化对设备全过程的管控，全面提升设备管理水平；组织开展高密度聚乙烯己烷精制系统蒸发器制造方案、高密度聚乙烯离心机出口设置螺旋输送机方案、延迟焦化碱液泵和反抽提油循环泵选型等专题论证；通过借鉴已建、在建项目的成功经验，实现了加氢裂化、重整、乙烯等装置 150T 活塞力往复压缩机、大型反应器、乙烯三机等大型关键机组国产化制造；在项目建设初期，严格落实《易泄漏法兰管控指导意见》《静密封安装管理指导意见》《炼化企业装置自控率管理提升指导意见》《炼化装置小

① “硫磺”同“硫黄”，企业惯称“硫磺”。

接管管理导则》《炼化企业电力系统继电保护和安全自动装置配置与整定原则》等设备管理制度，严把设备标准关和质量关。

截至2020年12月31日，设备管理中心在册员工64人，其中高级技术职称29人，中级技术职称21人，党员44人。潘延君、方浴宇、宋晓昱、徐丽任副主任；潘延君任党支部副书记。部门领导成员分工如下：潘延君主持设备管理中心部党支部、设备管理中心部全面工作；方浴宇负责党支部组织工作，分管设备岗位、协调商务部、人力资源部、企管法规部、计划控制部、生产准备中心、HSE中心、质量中心；宋晓昱负责党支部宣传工作，分管电气岗位、协调工程管理部、企业文化部、综合管理部；徐丽负责党支部纪检工作，分管仪表及计量岗位、协调财务部、设计技术部、纪委办公室、信息中心。

一、设备管理中心领导名录（2016.1—2020.12）

主　　任　王立新（2019.12—2020.6）[①]

副 主 任　张志远（2016.1—2019.12）

张　江（2016.1—2018.9）

宋晓昱（2016.1—2020.12）

徐　丽（2016.1—2020.12）

方浴宇（正处级，2019.12—2020.12）

潘延君（主持工作，2020.6—12）

二、机关第二党支部—设备管理中心党支部（2016.1—2020.12）

（一）机关第二党支部领导名录（2016.1—2018.4）

书　　记　王义东（2016.9—2018.4）

（二）设备管理中心党支部领导名录（2018.4—2020.12）

书　　记　张志远（2018.4—2019.12）

王立新（2019.12—2020.6）[②]

副 书 记　方浴宇（2020.3—7）

潘延君（2020.6—12）

① 2020年6月至12月期间，设备管理中心主任空缺。

② 2020年6月至12月期间，设备管理中心党支部书记空缺。

第四节　生产准备中心（2016.1—2020.12）

2013年3月，公司撤销技术部，成立生产准备中心。2016年1月1日，生产准备中心在册员工76人，其中，女员工28人，王义东任主任，连传敏、顾宗军任副主任。

生产准备中心主要负责组织实施生产计划，负责日常物料平衡及内部互供料管理工作，负责“供、产、储、销、运”平衡的组织协调工作；负责公司生产受控管理工作，负责生产装置、油品储运以及公用工程系统的运行管理、检查考核，负责统筹系统工艺管线的管理工作；负责非计划停工管理；负责公司节能节水管理工作以及有关项目论证；负责生产调度、电力调度管理工作；负责防冻防凝管理，组织各单位建立健全防冻防凝方案并组织落实；负责公司新改扩建装置的生产准备工作，负责组织新建和重大改扩建生产装置（设备、设施）投用前的安全检查，负责新装置开工的组织协调工作，负责制定装置的开、停工计划和组织协调落实工作；负责组织检修交生产界面确认工作；负责公司巡检体系建设工作，负责组织巡检规程的编制和审批，负责巡检工作检查考核；负责组织各生产单位制定班组职责、岗位责任制和员工培训计划；负责生产操作变动管理，负责生产异常情况下的运行管理和应急处置。

2016年期间，先后修订完善了《工艺技术供应商选择管理办法》《化工三剂管理办法》《工艺技术方案确定管理办法》等3项制度；完成了分析化验专业实习版操作规程初稿的审核；组织编制完成《公司石油化工产品手册》，按时上报炼化板块产品营销处；坚持两个阵地建设和十六字方针，实现实习队伍稳定，质检实习队全面实现深度顶岗；协助四川石化安全环保处做好“防泄漏、防着火、防爆炸”专项审核工作；完成了加工海外份额油的2000万吨/年优化调整炼油方案及2000万吨/年优化调整炼油—芳烃方案，形成了《广东石化项目总体建设方案优化调整研究》报告。

2017年期间，经过多方调研、技术交流和多方案对比，形成了具有竞争力的炼油–芳烃–化工一体化方案，于2月10日通过了炼油与化工分公司的审核，分别向 6 月 16 日集团公司总经理主持的“广东石化项目建设方案优化调整汇报会”，7 月 18 日至 19 日召开的“炼化业务转型升级研讨会”做了专题汇报，至此广东石化项目由方案调整优化阶段进入可行性研究报告编制、审查阶段，项目方案调整为炼油 – 芳烃 – 化工一体化方案，2000 万吨 / 年炼油 +260 万吨 / 年芳烃 +120 万吨 / 年乙烯；10 月底项目可研的编制完成，分别通过 11 月 15 日集团公司董事长、党组书记办公会，12 月 8 日集团公司第二届董事会第十八次会议的审议；配合公司人事部完成实习员工深入顶岗、转岗；配合完成实习员工双选工作。

2018 年 4 月，公司党委决定：撤销机关第一党支部、机关第二党支部、工程管理部党支部，成立生产准备中心党支部；王义东任生产准备中心党支部书记。

2018 年 9 月，公司决定：张江任生产准备中心质检化验负责人（副处级）。

2018 年期间，策划并组织相关生产部及设计院开展了全厂物料优化方案专题研究、乙烯原料轻质化、MTBE 限制加入后的碳四加工等专题的研究工作；统筹安排乙烯裂解等 13 套新增装置技术交流工作，共与 15 个专利商开展了近 20 场技术交流；组织引进工艺包技术谈判，推进国内工艺包选择，协调各生产部、专利商、设计院及时启动工艺包设计开工会，督促生产部做好工艺包设计审查跟踪及交包工作；开展质检及环保监测专业设计审查工作；组织到兄弟企业化验室调研，完善中心化验室设计方案；完成国家环境评估中心安排的采样监测任务。

2019 年 3 月，公司决定：连传敏任设计管理部副主任，免去其生产准备中心副主任职务。

2019 年 12 月，公司决定：谷学立任生产准备中心副主任（正处级），免去其公用工程部（PMT9）经理职务。

2019 年期间，组织开展项目试车筹划工作，制定项目开工统筹，完成生产准备及试车管理内容的编写工作并进行了相关培训，对实习管理的业务流程进行修订；组织与华东销售、华南化工销售对接，制定汽柴油产品出厂内控标准，落实化工固体产品运输方案，组织开展关键问题调研及攻关，完成原油罐组增设、水处理攻关、统一装置仪表、事故状态下装置氮气用量优化等 12 项工作；组织修订了炼油、储运、公用工程、设备仪表等专业培训手册 36 册，新编芳烃、化工装置员工培训手册 12 册；组织一般管理及专业技术相关人员 60 人次，在独山子石化等 10 家企业，对常减压等 12 套装置开展全过程生产受控管理对口培训，收集工艺、设备、电气、仪表等专业调研总结报告 23 份。

2020 年 6 月，公司决定：王斌任生产准备中心副主任。

2020 年期间，深入开展“战严冬、转观念、勇担当、上台阶”主题教育活动，落实提质增效工作，降低员工实习培训费用支出；组织编制体系融合相关报告和方案 3 项，编制体系融合各项表单控件 10 份，编制生产期制度初稿 18 项，编制并发布建设期管理制度 4 项；完成《生产准备工作大纲》编制并上报炼化板块；完成开工用油（料）统计，编制完成《广东石化开工统筹图》；完成生产调度指挥系统、能源管控系统、生产优化排产系统论证及管理系统建设需求、目标和框架制定；完成《广东石化电网电力调度管理规定》初稿编制；完成供水项目工程可研内部审核和报批；组织公司工艺、设备等专业管理和技术人员 31 人次，参与大庆石化 120 万吨 / 年连续重整装置开工及云南石化装置大检修、开工。

截至 2020 年 12 月 31 日，生产准备中心在册员工 81 人，其中女员工 25 人，设炼油生产运行管理、计划管理、生产运行调度管理、能源及计量管理、化验分析等岗位，党员 42 人。王义东任主任，张江、谷学立、王斌任副主任；王义东任党支部书记。部门领导成员分工如下：王义东主持生产准备中心党支部、生产准备中心全面工作，负责部门各项管理制度、规定、方案等的审核、审批并组织实施，考核工作，实习培训管理等工作；张江负责质检化验专业全面管理工作，质检化验制度建设工作，质检化验分析仪器采购工作，中心化验楼建设工作，质检化验人员实习培训管理工作，质检化验业务外包等工作，分管化验分析工程师岗位、化验分析 HSE 工程师岗位；谷学立负责电力系统运行对外协调相关工作，公司电网日常运行管理，公用工程生产管理工作，节能管理工作，生产运行调度和电力运行调度实习培训管理工作，配合部门主任分管业务外包等工作，分管系统运行管理岗位、电力运行调度岗位；王斌负责炼油生产运行管理工作，生产准备期及生产运行期管理制度组织编制工作，分管试车方案、开工网络表、生产准备大纲和生产准备工作计划的组织编制工作，生产运行调度管理工作，储运及火炬系统生产管理工作，对外协调等工作，分管炼油生产运行管理岗位、生产运行调度管理岗位。

一、生产准备中心领导名录（2016.1—2020.12）

主　　任　王义东（2016.1—2020.12）
副 主 任　连传敏（2016.1—2019.3）
顾宗军（2016.1—2018.1）
张　江（2018.9—2020.12）
谷学立（正处级，2019.12—2020.12）
王　斌（2020.6—12）

二、机关第二党支部—生产准备中心党支部（2016.1—2020.12）

（一）机关第二党支部领导名录（2016.1—2018.4）

书　　记　王义东（2016.1—2018.4）

（二）生产准备中心支部领导名录（2018.4—2020.12）

书　　记　王义东（2018.4—2020.12）

第五节　信息中心（PMT10）—信息中心（2016.1—2020.12）

2013年3月，公司撤销技术部，成立信息中心。同时，根据项目建设的实际需要，组建PMT10。2016年1月1日，信息中心在册员工5人，龚辉任主任兼PMT10经理，陈运庆任主任助理。

信息中心（PMT10）主要负责项目信息化总体规划方案的编制及实施；负责各种信息化平台以及办公、通信网络的建设、运行和维护；负责通信、网络设施的管理；负责根据总部统一要求和项目建设需要规划计算机网络、信息安全、通信和应用系统并组织相关项目建设实施，对项目进度和费用进行风险控制；负责项目电信业务集中管理，与当地电信运营商对接、沟通协调，协助承包商、供应商与当地电信运营商联系相关业务；负责项目建设中与电信及信息技术相关的设计方案审查、施工进度监督以及最终成果验收等；负责对与信息化建设相关的仪器、仪表、DCS 等专业提出接口需求并参与相关技术审查；负责组织制定项目软件配置管理规定，与相关部门一起提出项目建设相关的软件清单、版本等要求；负责信息化基础设施、应用系统、IT 终端设备、电信终端设备的运行、维护、维修管理工作；负责制定 IT 技术支持及运维外包服务策略，负责外包服务队伍的管理；负责信息技术和计算机应用系统的相关培训。

2016 年期间，科学合理地制定部门的年度投资计划，主动削减各项费用 44.2 万元，比初始预算压缩 8%；按照业务部门需求全力做好项目管理平台、综合考评系统、行政办公平台等应用系统完善升级，三维数字化工厂完成了坐标转换功能开发；在公司门户建设了“2016 年工作会议暨职工代表大会”“2016 年党风建设和反腐败工作会议”“广东石化分公司‘两学一做’学习教育”3 个专题网站；完成相关管理办法的修订和机房问题整改；认真贯彻总部网络安全要求，强化员工规范用网和问题整改。

2017 年期间，完成智能工厂可研内容和专题报告的编制和 IT 基础信息平台功能开发；完成“2017 年工作会议暨职工代表大会专题 ”等专题网站的设计及实施；完成项目管理平台等系统运维交接。

2018 年 4 月，公司党委决定：撤销机关第一党支部、机关第二党支部、工程管理部党支部，成立设计质量信息党支部，组成部门为设计管理部、质量中心和信息中心；吕晓阳任设计质量信息党支部书记，龚辉任设计质量信息党支部副书记。公司决定：陈运庆任信息中心副主任（副处级）。

2018 年 9 月，公司决定：PMT9 与 PMT10 合并更名为 PMT12。

信息中心主要负责组织项目智能工厂、信息化、电信工程规划；组织协调智能工厂及信息化应用系统的建设、维护，协助业务主责部门制定运行管理办法；负责组织数据中心、汇聚机房、弱电间、通信设施、信息网络、智能工厂基础设施的建设、运行和维护；负责网络安全、信息保密和内控 GCC 管理；负责智能工厂、信息化、电信业务集中管理，落实国家、集团公司、地方有关制度和要求，组织数据上报，与当地运营商对接、沟通协调；负责项目建设中与智能工厂、信息化、电信相关的设计审查，负责主责单元进度、质量、验收等全面管理；协助各 PMT 开展其他单元智能工厂、信息化、电信专业技术把关；负责对相关专业提出智能工厂、信息化、电信系统建设接口需求并参与相关技术审查；负责制定智能工厂、信息化、电信相关业务的管理制度，并组织宣贯落实、监督考核；负责智能终端、电信终端、IT设备及耗材的选型、运行、维修管理，并指导、协助各单位进行维护；负责制定IT技术支持及运维外包服务策略，负责外包服务队伍的管理；负责智能工厂、信息化、电信系统相关的培训；负责组织“项目五化－信息化管理”的实施。

2018年期间，成立了由寰球公司牵头、规划院负责、埃森哲技术支持、广东石化全面参与的联合工作组，4月底按时完成了《智能工作总体设计（零版）》和《智能工厂设计统一要求》初稿，最终形成涉及9个业务域、3个技术平台，包含37个信息系统、含有10个子项的IT基础设施平台以及2个软课题，共49个项目包的智能工厂方案，并在9月通过了炼化板块组织的专家评审；先后45人次参加电信和信息专业设计审查会，提出专业意见和建议292条，梳理信息专业框架协议、短名单实施建议方案，完成项目建设涉及的17项甲定乙采框架协议、8项品牌要求实施建议；完成考勤系统的开发和投用，完成原有系统的完善调整和广东石化主门户网站升级工作，完成“2018年工作会议暨职工代表大会专题”“广东石化2018年迎新春合唱会创作锦集”“反腐倡廉宣教平台”3个专题网站的设计及实施；重新修订广东石化《项目建设期间承包商IT管理办法》，编制了广东石化《信息化工作保密管理办法》；积极配合开展项目五化工作。

2019年期间，完成全厂智能化项目基础设计审查和项目信息化管理平台升级应用；先后有40人次参加信息专业设计审查会，提出专业意见和建议244条，认真梳理信息化和电信专业涉及的采购策划物资信息，提出9项框架协议物资、6项甲采物资、12项乙采物资的专业采购策划方案；根据各业务部门需求对多个应用系统进行了升级完善，规范设计并实施PMT二级门户网站12个；完成“2018年广东石化公司第二次党员代表大会”“2019年度工作会议专题”“2019年广东石化公司职工代表大会”“广东石化公司2019年党风廉政建设和反腐败工作会议”“巡视反馈意见整改公开栏”“党委理论中心组学习专栏”6个专题网站的设计及实施；持续调整优化公司主门户网站版面 18 次、二级单位门户网站 53 次。

2020 年 2 月，公司党委决定：撤销设计质量信息党支部，成立信息中心党支部。

2020 年 3 月，公司党委决定：龚辉任信息中心党支部书记。

2020 年期间，精心组织全厂智能化系统实施，不仅一次招标成功，而且概算降点达 6%，开创了集团公司新建项目信息化实施的先河；完成项目管理平台、物资管理信息系统功能完成升级开发、上线运行，数字化移交的结构化表单开发、数字化移交及预归档功能确认，实现了电子签章功能，上线文控管理功能，发布了外网访问服务，组织开发了移动 App 应用；持续优化电信系统方案，累计节资 515 万元；圆满完成集团公司网络安全工作任务和 IT 日常运维服务。

截至 2020 年 12 月 31 日，信息中心在册员工 7 人。设智能化管理、网络管理、系统管理等岗位，党员 6 人。龚辉任主任，陈运庆任副主任；龚辉任党支部书记。部门领导班子成员分工如下：龚辉主持信息中心党支部、信息中心全面工作，负责党群、人事、支部建设、制度体系、内控 GCC、生产准备、上层应用系统，负责项目智能工厂应用系统建设工作，分管智能化管理岗位；陈运庆负责年度计划、费用、采购、HSE、质量、IT 基础设施、基础应用、电信相关业务和运维服务商管理、支部组织、纪检工作以及智能工厂 IT 基础设施建设及项目电信专业管理工作，分管网络管理岗位、电信系统岗位、系统管理岗位。

一、信息中心（PMT10）—信息中心（2016.1—2020.12）

（一）信息中心（PMT10）领导名录（2016.1—2018.9）

主　　任　龚　辉（2016.1—2018.9）

副 主 任　陈运庆（副处级，2018.4—9）

主任助理　陈运庆（2016.1—2018.4）

（二）信息中心领导名录（2018.9—2020.12）

主　　任　龚　辉（2018.9—2020.12）

副 主 任　陈运庆（2018.9—2020.12）

二、机关第二党支部—信息中心党支部（2016.1—2020.12）

（一）机关第二党支部领导名录（2016.1—2018.4）

书　　　记　王义东（2016.1—2018.4）

（二）设计质量信息党支部领导名录（2018.4—2020.2）

书　　　记　吕晓阳（2018.4—2020.2）

副　书　记　龚　辉（2018.4—2020.2）

（三）信息中心党支部领导名录（2020.2—12）

书　　　记　龚　辉（2020.3—12）

三、办公室设在信息中心的非常设领导机构：网络安全和信息化工作领导小组（2020.1—12）

2020 年 1 月，为贯彻国家和集团公司网络安全“谁主管谁负责，谁运行谁负责，谁使用谁负责”的管理要求，加强广东石化炼化一体化项目智能工厂建设管理，推进信息化管理平台实施应用，成立网络安全和信息化工作领导小组（智能工厂建设领导小组），主要职责：落实国家和集团公司网络安全和信息化管理方针、政策和重大部署，制定公司网络安全和信息化工作方针政策，组长是公司网络安全第一责任人，副组长是直接责任人；审议批准公司网络安全和信息化（智能化）总体规划和年度工作计划；听取信息化（智能化）联合项目组工作汇报，协调解决建设过程中的重大事项；组织力量对突发重大网络安全事件进行应急处置。网络安全和信息化工作领导小组下设办公室，设在信息中心。

组　　长：陈俊豪

副 组 长：李锡均

成　　员：于文魁　于江林　张维波　刘希民　胡张兴　李景耀　邵承宏　花小兵　王立新

各部门、中心、生产运行部（PMT）、JYGC 石油基地有限责任公司主要负责人

网络安全和信息化工作领导小组下设办公室，设在信息中心，负责领导小组日常工作，龚辉任办公室主任。

2020 年 9 月，根据工作需要和人员变动情况，对公司网络安全和信息

化工作领导小组进行了调整，调整后人员组成如下：

组　　长：康志军

副 组 长：李锡均

成　　员：公司领导班子成员，公司副总工程师、总经理助理

各单位（部门）主要负责人

网络安全和信息化工作领导小组办公室设在信息中心，龚辉任办公室主任。

第四章　二级单位

根据股份公司机构设置批复，广东石化分公司采用扁平化管理模式科学设置组织机构。截至 2016 年 1 月 1 日，广东石化分公司设 10 个 PMT：生产运行一部（PMT1）、生产运行二部（PMT2）、生产运行三部（PMT3）、生产运行四部（PMT4）、生产运行五部（PMT5）、生产运行六部（PMT6）、生产运行七部（PMT7）、空分合资工作组（PMT8）、PMT9。

2016 年 6 月 14 日，根据集团公司规划计划部工作部署安排，为加强组织领导，保证广东揭阳项目按期、优质推进，成立 PMT11。

2018 年 9 月 6 日，根据集团公司人事部《关于广东石化分公司机构编制调整的批复》的精神，对公司组织机构进行调整完善。增设炼油生产四部、化工生产一部、化工生产二部；分设生产运行六部，将其调整为两个运行部，其中厂内储运设施分设后名称变更为储运生产部，厂外码头、中转库及配套设施分设为码头运行部；撤销空分合资工作组，相关业务划入公用工程统一管理；同时对机构名称按上下游关系进行相应调整，生产运行一部、生产运行二部、生产运行三部机构名称更名为炼油生产一部、炼油生产二部、炼油生产三部，生产运行四部更名为炼油生产五部，生产运行五部更名为公用工程部，生产运行七部更名为 POX 运行部，项目管理组（PMT）名称进行相应调整、PMT9 与 PMT10 合并更名为 PMT12。

截至 2020 年 12 月 31 日，广东石化分公司机构设 13 个二级单位：炼油生产一部（PMT1）、炼油生产二部（PMT2）、炼油生产三部（PMT3）、炼油生产四部（PMT4）、炼油生产五部（PMT5）、化工生产一部（PMT6）、化工生产二部（PMT7）、POX 运行部（PMT8）、公用工程部（PMT9）、储运生产部（PMT10）、码头运行部（PMT11）、PMT12。

第一节　生产运行一部（PMT1）—炼油生产一部（PMT1）（2016.1—2020.12）

2013 年 3 月，公司成立生产运行一部。同时，根据项目建设的实际需要，组建 PMT1。2016 年 1 月 1 日，生产运行一部在册员工 87 人，其中管理人员 9 人，操作人员 78 人，范庆任经理。

生产运行一部主要负责 1000 万吨 / 年常减压（I、II）、300 万吨 / 年焦化（I、II），以及配套的 35 千伏联合变电所 I、II，现场联合机柜室 I、II，1#、2# 含油污水预处理站等装置施工管理。

2016 年期间，督促 CPECC 做好施工现场成品 / 半成品保护，参加加热炉到货模块的质量检查，配合商务部做好焦化四通阀、隔断阀和进口设备的验收；做好部门 70 名员工由中海油惠州炼化转场广西石化实习工作。

2017 年期间，做好现场到货的保护和进口设备的验收；开展“确定延迟焦化装置切断及顺序控制电动闸阀选型及配置方案”仪表专题研究；配合设备中心编制进口设备安装保障方案；到九江石化等单位开展调研，并与腐蚀和在线监测相关厂家进行技术交流，编制广东石化分公司腐蚀与在线监测智能化工厂初步方案。

2018 年 9 月，根据公司组织机构调整实际，对公司部分党支部进行更名和调整，公司党委决定：生产运行一部党支部更名为炼油生产一部党支部。公司决定：鉴于公司加工方案已调整为炼化一体化项目，按照炼油、化工、公用工程对原有机构名称进行相应变更，生产运行一部更名为炼油生产一部。

炼油生产一部主要负责 2 套 1000 万吨 / 年常减压（I、II）、2 套 300 万吨 / 年延迟焦化（I、II）、12 万吨 / 年催化干气分离装置、23 万吨 / 年焦化干气分离装置、95 万吨 / 年轻烃回收装置、8 万标准立方米 / 时氢气深度回收装置以及相应配套项目。

2018 年 9 月，公司党委决定：范庆任炼油生产一部党支部书记。公司决定：范庆任炼油生产一部（PMT1）经理，周鸿任炼油生产一部（PMT1）

副经理。

2018 年 10 月，公司决定：王业坚任炼油生产一部（PMT1）副经理（正科级）。

2018 年期间，根据公司炼化一体化方案重新梳理优化部门各装置工艺包；赴国内各石化公司开展工水力除焦技术调研、常减压防腐、电脱盐技术调研专题调研；根据公司现场复工计划积极开展相关准备工作；重视员工实习培训工作，部门员工班作丹在集团公司炼化企业班组长职业技能竞赛中荣获铜牌。

2019 年期间，先后完成部门所有装置工艺包设计；完成常减压 I、II 长周期设备询价文件的编制；配合商务部完成对焦炭塔合同调整的谈判；8 月 3 日现场桩基工程顺利开工，对焦化 I/II 焦炭塔桩基及常减压 I 电脱盐进行补桩施工，11 月 21 日完成了现有桩基图的所有施工；完成部门所有装置的 HAZOP 及 SIL 定级。

2020 年 6 月，公司决定：王业坚、赵睿任炼油生产一部副经理。

2020 年期间，先后完成所有甲采、甲定乙采设备采购，优化项目投资，调减轻烃分离装置概算 3000 余万元，实现设计优化节约 800 余万元；积极推动复工复产，一、二联合于 3 月份启动桩基施工，4 月份启动土建基础和烟囱施工，10 月份启动地管施工，11 月份启动钢结构施工；选拔出闫金库、武生祥、罗宇森 3 名员工参加集团 500 万吨 / 年常减压技能大赛，最终 3 人均取得银牌并获得团体第三的优异成绩。

截至 2020 年 12 月 31 日，炼油生产一部在册员工 125 人，其中管理人员 21 人，操作人员 104 人，拥有高级技术职称 10 人，中级技术职称 11 人，党员 41 人。范庆任经理，周鸿、王业坚、赵睿任副经理；范庆任党支部书记。部门领导班子成员分工如下：范庆主持党支部、部门全面工作，负责部门项目建设；周鸿负责部门设计协调、工艺管理、员工培训等工作，负责各装置生产准备工作；王业坚负责部门费控管理、物资采购等工作，负责部门静设备管理工作；赵睿负责部门设计协调、设备技术管理等工作，负责部门动设备管理工作。

一、生产运行一部（PMT1）—炼油生产一部（PMT1）（2016.1—2020.12）

（一）生产运行一部（PMT1）领导名录（2016.1—2018.9）

经　　理　范　庆（2016.1—2018.9）

副 经 理　周　鸿（2018.6—9）

（二）炼油生产一部（PMT1）领导名录（2018.9—2020.12）

经　　理　范　庆（2018.9—2020.12）

副 经 理　周　鸿（2018.9—2020.12）

　　　　　王业坚（正科级，2020.6—12）

　　　　　赵　睿（2020.6—12）

二、生产运行一部党支部—炼油生产一部党支部（2016.1—2020.12）

（一）生产运行一部党支部领导名录（2016.1—2018.9）

书　　记　范　庆（2016.1—2018.9）

（二）炼油生产一部党支部领导名录（2018.9—2020.12）

书　　记　范　庆（2018.9—2020.12）

第二节　生产运行二部（PMT2）—炼油生产二部（PMT2）（2016.1—2020.12）

2013 年 3 月，公司成立生产运行二部。同时，根据项目建设的实际需要，组建 PMT2。2016 年 1 月 1 日，生产运行二部在册员工 89 人，其中管理人员 11 人，操作人员 78 人，郭利任经理。

生产运行二部主要负责 420 万吨 / 年蜡油加氢处理装置、360 万吨 / 年催化裂化装置、110 万吨 / 年气体分馏装置、12 万吨 / 年 MTBE 装置、45 万吨 / 年烷基化装置、4 万吨 / 年废酸再生装置、催化产品精制装置，以及 35 千伏联合变电所Ⅲ、现场联合机柜室 III、3[#] 含油污水预处理站等催化气分装置施工管理。

2016 年期间，配合商务部完成催化裂化油浆泵和蜡油加氢新氢压缩机、进料泵出厂验收工作并参加沧州设备到货验收工作；参加烷基化废酸再生装置专有设备随机资料清点，现场配合完成催化裂化烟机入口蝶阀入库验收工作。

2017 年期间，按设备管理中心安排开展《进口设备安装保障方案》编制，赴北京、上海、苏州设备制造厂家进行技术交流；在商务部组织下年底对现场进口设备保管情况进行了检查；先后 25 人取得云南石化安全监护证，8 人一次通过特种作业（压力容器、压力管道及锅炉）取证培训及考试，参加施工监护达 120 余人次，累计监护时长 670 多小时。

2018 年 9 月，根据公司组织机构调整实际，对公司部分党支部进行更名和调整，公司党委决定：生产运行二部党支部更名为炼油生产二部党支部。公司决定：鉴于公司加工方案已调整为炼化一体化项目，按照炼油、化工、公用工程对原有机构名称进行相应变更，生产运行二部更名为炼油生产二部。

炼油生产二部主要负责 420 万吨 / 年蜡油加氢处理装置、360 万吨 / 年催化裂化装置、170 万吨 / 年催化加氢装置、110 万吨 / 年气体分馏装置、60 万吨 / 年烷基化装置、4 万吨 / 年废酸再生装置、催化烟气脱硫脱硝装置、催化产品精制装置以及相应配套项目。

2018 年 9 月，公司党委决定：郭利任炼油生产二部党支部书记。公司决定：郭利任炼油生产二部（PMT2）经理（副处级），孙弘宇任炼油生产二部（PMT2）副经理。

2018 年 10 月，公司决定：董欣任炼油生产二部（PMT2）副经理（副处级）。

2018 年期间，先后完成蜡油加氢处理、催化汽油加氢、烷基化、选择性加氢等 4 个工艺包的技术协议和纪要的签订，组织设计院对工艺包成果进行审查，召开对接会 12 次；完成《A 类泵及磁力泵自保》《油浆泵出入口双阀防结焦》等专题研究；刘冰获得中国技能大赛催化裂化工职业技能竞赛个人铜牌，许欣丰获集团公司炼化职业技能竞赛获得“优秀选手”荣誉称号。

2019 年 1 月，公司决定：孙弘宇任企管法规部副主任、对外协调部主任，免去其炼油生产二部（PMT2）副经理职务。

2019 年期间，先后完成部门三联合 10 个主项单元基础设计的审查，10

月获得总部批复；完成三联合装置 HAZOP、SIL 分析、安全实施设计文件审查；修订催化、蜡油加氢、烷基化等 5 套装置培训手册，新编制催化汽油加氢、烟气脱硫装置 2 套培训手册；刘冰参加集团公司催化技能大赛获得铜牌，荣获集团公司“优秀青年”称号，党支部被评为公司 2019 年度先进党支部。

2020 年 4 月，公司决定：张建祥任炼油生产二部经理助理。

2020 年期间，全力推进复工复产，3 月 30 日蜡油加氢处理装置率先开工，3 月 31 日催化裂化装置紧接其后，8 个单项装置在 4 月份全部实现复工和开工，全年桩基完成 317 根，土建混凝土浇筑 25515 立方米，装置主干地管累计完成 2420 米；完成各装置 30%、60%3D 模型审查，各装置 PID 优化意见总计 125 条，累计节省项目概算超 500 万元；统筹抓好操作手册、操作规程及试车方案编制，全年派往实习地技术人员共计 12 人次，共计培训 564 课时，制作课件 33 个。

截至 2020 年 12 月 31 日，炼油生产二部在册员工 136 人，其中管理人员 18 人，操作人员 118 人，拥有高级技术职称 8 人，中级职称 11 人，党员 33 人。郭利任经理，董欣任副经理，张建祥任经理助理；郭利任党支部书记。部门领导班子成员分工如下：郭利主持党支部、部门全面工作，负责施工建设工作和设计工作，对口公司综合管理部、人力资源部、财务部（费用部分）、HSE 中心、设计管理部；董欣负责设备管理、商务工作、设备采购、资产、支部纪检监察工作，协助部门经理管理施工建设、质量管理、进度计划工作，对口公司部门：设备管理中心、商务部、审计监察部、计划控制部（设备采购投资及投资分析部分）、财务部（资产管理部分）、工程管理部、质量中心；张建祥负责生产准备、技术管理、培训实习管理、信息管理、保密、工会、青年员工工作，协助部门经理管理设计工作，对口公司部门：生产准备中心、设计管理部（技术部分）、企业文化部、云南实习管理部、信息中心。

一、生产运行二部（PMT2）—炼油生产二部（PMT2）（2016.1—2020.12）

（一）生产运行二部（PMT2）领导名录（2016.1—2018.9）

经　　理　郭　利（2016.1—2018.9）

副　经　理　孙弘宇（2018.6—9）

（二）炼油生产二部（PMT2）领导名录（2018.9—2020.12）

经　　　理　郭　利（副处级，2018.9—2020.12）

副　经　理　孙弘宇（2018.9—2019.1）

董　欣（副处级，2018.10—2020.12）

经理助理　张建祥（2020.4—12）

二、生产运行二部党支部—炼油生产二部党支部（2016.1—2020.12）

（一）生产运行二部党支部领导名录（2016.1—2018.9）

书　　　记　郭　利（2016.1—2018.9）

（二）炼油生产二部党支部领导名录（2018.9—2020.12）

书　　　记　郭　利（2018.9—2020.12）

第三节　生产运行三部（PMT3）—炼油生产三部（PMT3）（2016.1—2020.12）

2013 年 3 月，公司成立生产运行三部。同时，根据项目建设的实际需要，组建 PMT3。2016 年 1 月 1 日，生产运行三部在册员工 105 人，其中管理人员 15 人，操作人员 90 人，孙大勇任经理。

生产运行三部主要负责第四联合、第五联合装置各主体项目以及 35 千伏联合变电所（Ⅳ、Ⅴ）、现场联合机柜室（Ⅳ、Ⅴ）、4#、5# 含油污水预处理站等附属设施的设计协调、施工管理及生产技术管理工作。其中第四联合装置主体生产装置有 5 套，分别是 370 万吨 / 年蜡油加氢裂化装置、330 万吨 / 年柴油加氢改质装置（分Ⅰ、Ⅱ两套）、120 万吨 / 年航煤加氢改质装置以及 80 万吨 / 年轻烃回收装置；第五联合装置主体生产装置有 5 套，分别是 230 万吨 / 年汽油连续重整装置、270 万吨 / 年石脑油加氢装置、100 万吨 / 年轻烃异构化装置、4 万立方米 / 时干气制氢装置以及 12 万立方米 / 时氢气回收（PSA）装置。

2016 年期间，完成烟囱基础裸露钢筋以及加热炉基础地脚螺栓的防腐维护；配合总体院针对项目分期实施和装置变更的可行性和投资变化进行论证、优化研究；配合商务部先后共派出5个团队4次赴河北沧州、1次到江苏苏州验收进口设备。

2017年期间，完成两座烟囱基础钢筋刷防腐水泥浆料2次，加热炉地脚螺栓检查维护2次。

2018年9月，根据公司组织机构调整实际，对公司部分党支部进行更名和调整，公司党委决定：生产运行三部党支部更名为炼油生产三部党支部。公司决定：鉴于公司加工方案已调整为炼化一体化项目，按照炼油、化工、公用工程对机构名称进行相应变更，生产运行三部更名为炼油生产三部。

2018年9月，公司党委决定：孙大勇任炼油生产三部党支部书记。公司决定：孙大勇任炼油生产三部（PMT3）经理；王铁军任炼油生产三部（PMT3）经理助理（正科级）；冯勇任炼油生产三部（PMT3）副经理（副科级）。

2018年10月，公司决定：王铁军任炼油生产三部（PMT3）副经理（副处级）。

2018年期间，完成全部5套引进工艺包的技术澄清，形成相关会议纪要和技术附件签署；9月，5套引进工艺包设计工作全部启动；11月，集团公司举行重整操作工技能竞赛中夏鹿、李思杨、杨国取得了一银两铜、团体第三名。

2019年期间，4月召开焦化石脑油工艺包设计开工会，5月焦化石脑油终版电子工艺包交付，6月石脑油加氢、连续重整的电子版工艺包交付；完成9套装置HAZOP、SIL审查，完成9套装置6套辅助设施3批设计预审查和3批板块正式审查；组织技术管理人员到兄弟单位进行装置开停工、大检修学习。

2020年2月，公司决定：张学佳任炼油生产三部（PMT3）副经理。

2020年6月，公司决定：冯勇任炼油生产三部副经理。

2020年7月，根据广东石化项目生产管理需要，考虑所辖装置的数量及工艺关联度，经公司研究决定，对炼油生产三部、炼油生产四部管辖装置进行调整。将炼油生产三部所管辖的2套连续重整装置、石脑油加氢装置、氢气回收装置划入炼油生产四部管辖范围，上述装置配置的人员一并划入炼油生产四部管理。

炼油生产三部主要负责370万吨/年加氢裂化装置、2套330万吨/年柴油加氢裂化装置（I、II）、120万吨/年航煤加氢改质装置、300万吨/年石脑油加氢装置、90万吨/年焦化石脑油加氢装置、42万标准立方米/时氢气回收（PSA）装置、2套300万吨/年连续重整装置以及相应配套项目。

2020年期间，按计划完成各装置单元的30%、60%3D模型审查，形成审查整改意见400余条，不断优化设计，累计节省投资1582万元；完成各类设备的技术交流、询价文件审核、招标文件配合编制、商务谈判及技术协议签订，完成化工三剂询价文件、需求计划、方案上会、技术协议签署、合同签订等相关工作；完成新增长周期设备133台MR文件、签订技术协议，完成248台/套设备的技术交流、10类926台/套设备招标方案关键技术条款或技术评分表的编制；严把施工进度管控，混凝土施工完成4万立方米，完成总量的85%，主干地管4500米施工完成100%，钢结构开始施工，进度目标全部完成；编制试车网络和试车清单，完成各装置《操作规程》《试车方案》《专项方案》和上岗题库编写；开展系统化、差异化和多层次培训，2020年职业技能鉴定46人全部通过考试。

截至2020年12月31日，炼油生产三部（PMT3）在册员工127人，其中管理人员18人，操作人员109人，拥有高级技术职称8人，中级技术职称10人，党员37人。孙大勇任经理，王铁军、冯勇、张学佳任副经理；孙大勇任党支部书记。部门领导班子成员分工如下：孙大勇主持党支部、部门全面工作；王铁军负责设备管理、采购服务等工作，分管设备管理岗位；张学佳负责工艺管理、生产准备等工作，分管工艺管理、HSE管理岗位。

一、生产运行三部（PMT3）—炼油生产三部（PMT3）（2016.1—2020.12）

（一）生产运行三部（PMT3）领导名录（2016.1—2018.9）①

经　　理　孙大勇（2016.1—2018.9）

经理助理　王铁军（正科级，2018.6—9）

① 2016年1月至2018年9月期间，生产运行三部（PMT3）副经理空缺。

（二）炼油生产三部（PMT3）领导名录（2018.9—2020.12）

经　　理　孙大勇（2018.9—2020.12）

副 经 理　王铁军（副处级，2018.9—2020.12）

冯　勇（副科级，2018.9—2020.7）

张学佳（2020.2—12）

二、生产运行三部党支部—炼油生产三部党支部（2016.1—2020.12）

（一）生产运行三部党支部领导名录（2016.1—2018.9）

书　　记　孙大勇（2016.1—2018.9）

（二）炼油生产三部党支部领导名录（2018.9—2020.12）

书　　记　孙大勇（2018.9—2020.12）

第四节　生产运行四部（PMT4）—炼油生产五部（PMT5）（2016.1—2020.12）

2013 年 3 月，公司成立生产运行四部。同时，根据项目建设的实际需要，组建 PMT4。2016 年 1 月 1 日，生产运行四部在册员工 86 人，其中管理人员 10 人，生产准备人员 76 人，孙涛任经理。

生产运行四部 (PMT4) 主要负责 3 套 18 万吨 / 年硫磺回收装置、1 套 6 万吨 / 年硫磺回收装置、2 套 350 吨 / 时酸性水汽提装置、2 套 1000 吨 / 时溶剂再生装置、1 套 32 万吨 / 年丁辛醇装置、1 套 50 万吨 / 年催化轻汽油醚化装置以及相应配套项目。

2016 年期间，推进实习人员深度顶岗，32 名员工在四川石化生产一部、生产四部、生产五部、生产六部顶岗，加强班组建设；充分借助四川石化资源，开展各式各样工会活动 10 次，丰富实习员工业余生活。

2017 年期间，顶岗人员全部取得了中级职业技能鉴定证书，全部通过了实习装置组织的上岗考试；定期开展安全演练，检验员工空气呼吸器的使用情况以及应急处理能力；完成 23 名实习人员转场云南石化实习。

2018 年 9 月，公司党委决定：根据公司组织机构调整实际，对公司部分党支部进行更名和调整，生产运行四部党支部更名为炼油生产五部党支部。公司决定：鉴于公司加工方案已调整为炼化一体化项目，按照炼油、化工、公用工程对机构名称进行相应变更，生产运行四部（PMT4）更名为炼油生产五部（PMT5）。

炼油生产五部主要负责 4 套 18 万吨 / 年硫磺回收装置（Ⅰ、Ⅱ、Ⅲ、Ⅳ）、1 套 6 万吨 / 年硫磺回收装置、2 套 350 吨 / 时酸性水汽提装置（Ⅰ、Ⅱ）、2 套 1000 吨 / 时溶剂再生装置、酸性水罐区和液硫罐区、硫磺成型包装和仓库以及相应配套项目。

2018 年 9 月，公司党委决定：顾宗军任炼油生产五部党支部书记。公司决定：顾宗军任炼油生产五部（PMT5）经理（副处级）；吕继鹏任炼油生产五部（PMT5）副经理。

2018 年 10 月，公司决定：李涛任炼油生产五部（PMT5）副经理（副处级）。

2018 年期间，参加总体设计审查，提出问题和建议 14 条，协调设计院答复并在设计中落实审查意见；完成七联合现场详勘补勘工作，完成硫磺回收联合装置总体设计工作，实现总体设计文件交付并通过总院审核，上报总部批复，启动基础设计工作；完成硫磺成型机国产化专题研究，组织专业技术人员到同类装置参观大检修，完成广东石化项目密封监测系统实施方案、进口设备清单及新增引进设备清单、设备备件采购方案编写；完成实习人员由云南石化转场华北石化实习，并全部通过上岗考试参与到新装置开工和生产运行；部门操作骨干胡锦彪荣获中国石油 2018 年炼油装置班组长职业技能竞赛铜牌，炼油生产五部实习队荣获“中国石油天然气集团有限公司 2018 年绿色站队”的荣誉称号。

2019 年 12 月，公司党委决定：边兴福任炼油生产五部党支部书记，免去其 POX 运行部党支部书记职务；顾宗军任公用工程部党支部书记，免去其炼油生产五部党支部书记职务。公司决定：边兴福任炼油生产五部（PMT5）经理，免去其 POX 运行部（PMT8）经理职务；顾宗军任公用工程部（PMT9）经理，免去其炼油生产五部（PMT5）经理职务。

2019 年期间，先后完成硫磺联合装置 PID 图 HAZOP 分析、SIL 评估定级、基础设计文件部门内部审查、预审查，HAZOP 分析提出建议措施 82 条，SIL 评估分析安全仪表功能回路 31 个，内部审查提出审查意见 18 条，预审查提出审查意见 151 条；完成基础设计审查，提出审查意见 62 条；硫磺回收联合装置基础设计完成批复，完成七联合基础设计文件调整，发布最终版的基础设计文件；完成硫磺成型与包装仓库 PID 图 HAZOP 分析，完成磺成型与包装仓库区域平面方案的优化调整；完成七联合开工统筹图编制；完成员工培训手册编制；完成七联合装置详勘补勘工作及现场地基复检，提前完成了图纸交付、施工方案审批、进度计划审查、设计交底和图纸会审等工作，实现了桩基 9 月 4 日顺利开工，完成硫磺回收联合装置 12 个主项的三级进度计划编制，提前一个月完成全部桩基工程。

2020 年 7 月，公司决定：孙亚楠任炼油生产五部副经理，管锴任炼油生产五部副经理。

2020 年期间，先后完成七联合和硫磺成型属地装置的可研材料编制与总体设计；开展技术专题研究和技术调研，完成部门装置基础设计；对接设计院编制详细设计 TDR 计划，土建基础、钢结构、地管图纸到图率 100%，完成全部设备蓝图出图，保证现场施工稳定推进；硫磺成型与包装仓库单元基础设计完成批复，硫磺装置详细设计进入攻坚收尾阶段，成型单元详细设计有序推进；开展 PID 图纸设计回头看审查、30%、60%、90% 3D 模型审查并立查立改，PID 对接梳理审查问题 253 大项、模型审查汇总意见合计 397 项；完成 27 台甲采设备、640 台甲定乙采设备、573 台甲控乙采设备、1800 余台仪表设备、900 余台电气设备技术评分表、招投标方案编制审核和返资；完成混凝土浇筑 25980 立方米，地管施工 11000 米，储罐安装 1305 吨，钢结构安装 613 吨，硫磺成型与包装仓库实现交地试桩。

截至 2020 年 12 月 31 日，炼油生产五部（PMT5）在册员工 88 人，其中管理人员 15 人，操作人员 73 人，拥有高级技术职称 2 人，中级技术职称 11 人，党员 31 人。边兴福任经理，吕继鹏、李涛、孙亚楠、管锴任副经理；边兴福任党支部书记。部门领导班子成员分工如下：边兴福主持党支部、部门全面工作，负责支部党建工作、部门行政等工作；吕继鹏负责支部组织工作，部门工艺和技术管理等工作；李涛负责支部纪检工作，部门静设备等技术管理工作；孙亚楠负责支部青年工作，部门生产和运行管理等工作；管锴负责支部学习工作，部门动设备等技术管理工作。

一、生产运行四部（PMT4）—炼油生产五部（PMT5）(2016.1—2020.12)

（一）生产运行四部（PMT4）领导名录（2016.1—2018.9）

经　　理　孙　涛（2016.1—2018.9）[①]

副 经 理　吕继鹏（2016.1—2018.9）

（二）炼油生产五部（PMT5）领导名录（2018.9—2020.12）

经　　理　顾宗军（副处级，2018.9—2019.12）

　　　　　边兴福（2019.12—2020.12）

副 经 理　吕继鹏（2018.9—2020.12）

　　　　　李　涛（2018.9—2020.12）

　　　　　孙亚楠（2020.7—12）

　　　　　管　锴（2020.7—12）

二、生产运行四部党支部—炼油生产五部党支部（2016.1—2020.12）

（一）生产运行四部党支部领导名录（2016.1—2018.9）

书　　记　孙　涛（2016.1—2018.9）

（二）炼油生产五部党支部领导名录（2018.9—2020.12）

书　　记　顾宗军（2018.9—2019.12）

　　　　　边兴福（2019.12—2020.12）

第五节　生产运行五部（PMT5）—公用工程部（PMT9）（2016.1—2020.12）

2013 年 3 月，广东石化分公司设生产运行五部。同时，根据项目建设的实际需要，组建 PMT5。2016 年 1 月 1 日，生产运行五部在册员工 78 人，其中管理人员 15 人，生产准备人员 63 人，谷学立任经理，邹文波、王秀章、刘铁利任副经理。

生产运行五部主要负责厂区给排水及消防管网、净水场、化学水站、余

① 2018 年 9 月，孙涛辞职。

热回收站、消防加压泵站第一、二、三循环水场、雨水收集池、终端事故水收集池，以及污水处理场、污水回用处理设施、厂区防止地下水污染监测、厂区地下金属结构阴极保护、碱渣处理设施等及配套设施，动力站，全厂220千伏总变电站、厂区供电及照明、厂区防雷、防静电接地、厂区电气综合自动化系统。

2016年期间，对所有给排水专业的基础设计文件进行了梳理，协调华东设计院、大连设计院、华陆设计院完成了给排水专业所有单元的论证报告；开展生产准备职业化员工培训工作，全年累计培训16次，培训245人次。

2017年期间，按照公用工程一体化的思路，完成动力站的优化方案和动力中心配置优化工；完成了3座雨水收集池的全部土方开挖工作，实现了3个单体的贯通；开展生产准备职业化员工培训工作，全年累计培训20次，培训440人次。

2018年9月，根据公司组织机构调整实际，对公司部分党支部进行更名和调整，公司党委决定：生产运行五部党支部更名为公用工程部党支部。公司决定：鉴于公司空分装置不再采取合资方式进行建设，因此，撤销空分合资工作组，原相关业务划入公用工程统一管理；鉴于公司加工方案已调整为炼化一体化项目，生产运行五部（PMT5）更名为公用工程部（PMT9）。

公用工程部主要负责广东石化炼化一体化项目的生产用水、电、汽、气、风的供给以及生产污水、凝结水的回收处理及再利用等。具体包括：动力中心、220千伏总变电站及全厂供配电系统、净水厂、循环水厂、污水处理厂、余热回收、除盐水及凝液精制、消防水泵站、雨水收集池、空分空压、全厂给排水及热力管网等。

2018年9月，公司党委决定：方浴宇任公用工程部党支部书记，谷学立任公用工程部党支部副书记。公司决定：谷学立任公用工程部（PMT9）经理，方浴宇任公用工程部（PMT9）副经理（正处级），王秀章任公用工程部（PMT9）副经理，刘铁利任公用工程部（PMT9）副经理，邹文波任公用工程部（PMT9）副经理（正科级）。

2018年期间，雨水收集池主体工程全面开工建设，不到50天的时间完成28万立方米土方作业实现3个雨池全部贯通，不到80天的时间完成2万多平方米池底基础灌注、3600多吨钢筋绑扎、3.1万多立方米混凝土浇筑、9万立方米满水实验、土方回填、阀门安装及部分防护围栏安装工作。

2019年12月，公司党委决定：顾宗军任公用工程部党支部书记，免去其炼油生产五部党支部书记职务；孙弘宇任公用工程部党支部副书记。公司决定：顾宗军任公用工程部（PMT9）经理，免去其炼油生产五部（PMT5）经理职务，孙弘宇任公用工程部（PMT9）常务副经理（正处级），免去其企管法规部副主任、对外协调部主任职务，施荣卫任公用工程部（PMT9）经理助理（正科级），谷学立任生产准备中心副主任（正处级），免去其公用工程部（PMT9）经理职务，方浴宇任设备管理中心副主任（正处级），免去其公用工程部（PMT9）副经理职务。

2019年期间，给排水专业共27个单元，截至11月底，除全场事故水收集池外，涉及炼油区的给排水单元基础设计总部审查，全部完成；12月8日总变电站、动力中心已经获得总部的批复，厂前区制冷站、余热回收站完成基础设计工作。

2020年6月，公司决定：邹文波任公用工程部副经理。

2020年期间，公用工程部所属33个主项单元，基础设计全部完成，进入详细设计阶段；已开工项目单元27个，开工率为81%，主要装置实现全部开工；主项单位灌注桩（包括管桩）总计9030根，累计完成9030根，完成100%；CFG桩基合计12045根，累计完成11585根，累计完成97%；砼工程量合计36万立方米，累计完成7.6万立方米，累计完成21%；10月，顺利实现2020年度3个关键进度节点任务“220千伏总变电站高、中低压配电楼主体结构封顶、空分冷箱大体积混凝土基础浇注完成、污水场抗拔桩781根施工完成”。

截至2020年12月31日，公用工程部（PMT9）在册员工221人，其中管理人员32人，技能操作人员189人，拥有高级技术职称16人，中级技术职称16人，党员90人。顾宗军任经理，孙弘宇任常务副经理，邹文波、王秀章、刘铁利任副经理，施荣卫任经理助理；顾宗军任党支部书记，孙弘宇任党支部副书记。部门领导班子成员分工如下：顾宗军负责党支部工作，全面负责部门日常管理及考核工作，全面负责项目建设工作；孙弘宇负责支部党建工作，分管污水处理装置组，协助王秀章开展生产准备工作，对口公司党委办公室、公司工会；王秀章负责部门生产准备工作，主管动力中心装置组，对口公司团委、生产准备中心；刘铁利负责部门投资计划管理、设备与采购工作，分管空分空压装置组，对口公司纪委办公室、计划控制部、商务部、设备管理中心；邹文波负责施工管理及施工安全工作，分管给水系统装置组，对口公司党委宣传部、企业文化部、工程管理部、HSE中心、质量中心；施荣卫负责部门电气专业管理，主管电气装置组，协助设备经理开展设备管理工作，对口公司党委组织部、设备管理中心、电气专业管理部门。

一、生产运行五部（PMT5）—公用工程部（PMT9）（2016.1—2020.12）

（一）生产运行五部（PMT5）领导名录（2016.1—2018.9）

经　　理 谷学立（2016.1—2018.9）

副 经 理 邹文波（2016.1—2018.9）

王秀章（2016.1—2018.9）

刘铁利（2016.1—2018.9）

（二）公用工程部（PMT9）领导名录（2018.9—2020.12）

经　　理 谷学立（2018.9—2019.12）

顾宗军（2019.12—2020.12）

常务副经理 孙弘宇（正处级，2019.12—2020.12）

副 经 理 方浴宇（正处级，2018.9—2019.12）

邹文波（正科级，2018.9—2020.12）

王秀章（2018.9—2020.12）

刘铁利（2018.9—2020.12）

经理助理 施荣卫（2019.12—2020.12）

二、生产运行五部党支部—公用工程部党支部（2016.1—2020.12）

（一）生产运行五部党支部领导名录（2016.1—2018.9）

书　　记 谷学立（2016.1—2018.9）

（二）公用工程部党支部领导名录（2018.9—2020.12）

书　　记 方浴宇（2018.9—2019.12）

顾宗军（2019.12—2020.12）

副　书　记　谷学立（2018.9—2019.12）
孙弘宇（2019.12—2020.12）

第六节　生产运行六部（PMT6）—储运生产部（PMT10）（2016.1—2020.12）

2013年3月，广东石化分公司设生产运行六部。同时，根据项目建设的实际需要，组建PMT6。2016年1月1日，生产运行六部在册员工72人，其中管理人员10人，生产准备人员62人，何秀云任经理。

生产运行六部主要负责原油及产品码头、码头库区、长输管线、工厂储运罐区、产品装运系统、系统管网、输煤设施等单元的工程建设以及未来生产运营管理等工作。

2016年期间，原油码头完成24.43%，防波堤抛石本年度完成234774立方米，累计完成110.6万立方米，占总量61.2%；钢管桩稳桩抛沙42488立方米，全部完成。产品码头完成41.89%，防波堤推填2239米，全部完成，防波堤端头航标灯安装完成，PHC沉桩51根，累计217根，重力式泊位胸墙完成2层共20段浇筑，西拦沙堤堤心推填260米；码头库区综合楼主体施工完成，12台罐基础施工完成，罐板预制防腐累计完成2836张，累计完成84.18%；原油罐组Ⅰ、Ⅲ 10台罐基础施工完成，罐板预制防腐累计完成2071张，完成66.89%。原油罐组Ⅳ罐板防腐累计1028张，完成100%。

2017年期间，原油码头，防波堤抛石71670立方米；扭王字块预制完成5268件；安装3236件；接岸引提推填修复9300立方米，1.36千米征地完成施工道路推进约1千米。产品码头，防波堤修复全部完成，沉桩施工全部完成，累计沉桩1011根；重力式泊位基槽清淤20000立方米，桩帽浇筑完成399个，完成83%；系缆墩浇筑完成13个，累计完成81.25%；转角平台浇筑1个，已全部完成；下横梁浇筑146榀，累计完成64%；上横梁完成23榀，累计完成10%，非预应力梁完成100%；预应力梁，累计完成84.2%；纵梁安装220榀完成，完成16.5%；预制面板完成100%；面板安装88块，完成8%。

2018年6月，公司决定：佟广滢任生产运行六部（PMT6）副经理（副处级）。

2018年9月，根据公司组织机构调整实际，对公司部分党支部进行更名和调整，公司党委决定：生产运行六部党支部更名为储运码头党支部，组成部门为储运生产部和码头运行部。公司决定：鉴于生产运行六部管理所辖区域分散、专业涵盖多、管理难度大的实际，根据所辖装置设施地理区域，按照厂内外进行分设，其中厂内储运设施分设后名称变更为储运生产部（PMT10），厂外码头、中转库及配套设施分设为码头运行部（PMT11）。

储运生产部主要负责管理厂区内相关储运设施，主要包括厂内原油罐组、轻油中间罐组、重油中间罐组、航煤罐组、球罐组、汽油组分罐及调和设施、汽油成品罐组、柴油组分罐、柴油成品罐组、新增的化工产品罐组，以及导热油站等及配套设施；以及全厂热力管网、火炬、燃料气回收、汽车装卸车、火车装卸车、罐车洗涤设施、化学药剂设施等及配套设施。

2018年9月，公司党委决定：何秀云任储运码头党支部书记，刘舰任储运码头党支部副书记。公司决定：何秀云任储运生产部（PMT10）经理，佟广滢任码头运行部（PMT11）副经理。

2018年10月，公司决定：牟方庆任储运生产部（PMT10）副经理（正科级）。

2018年期间，完成专题研究22项，其中储运系统VOCs治理专题研究有效解决了储运系统VOCs点源分散、成分复杂、治理困难的难题；原油调和专题研究，对标国内先进企业，较好解决了原油调和的难题；有序开展HAZOP分析和SIL定级工作，确保设计本质安全化开展；启动详细设计工作，完成总部审查的54个工程主项。

2019年期间，62项基础设计主项单元，已完成预审57项，完成总部审查57项，获得总部批复18项，完成年度设计任务；7月组织调研完成了《10×10^4立方米钢制双盘式外浮顶原油储罐中央排水系统调研报告》并确定采用进口柔性排水软管；9月组织调研完成了《原油储罐一次密封技术及安全隐患整改情况调研报告》并确定原油储罐一次密封采用囊式密封；10月组织调研完成了《火炬气回收单元压缩机及液体喷射技术交流总结》并确定火炬气回收设施采用螺杆压缩机。

2020年2月，公司党委决定：撤销储运码头党支部，成立储运生产部党支部。

2020年3月，公司党委决定：何秀云任储运生产部党支部书记。

2020年4月，公司决定：林巍任储运生产部副经理，于卫星任储运生产部副经理，沈立辉任储运生产部副经理。

2020年6月，公司决定：吴少伟任储运生产部副经理，于卫星任码头运行部副经理，免去其储运生产部副经理职务。

2020年7月，公司决定：牟方庆任储运生产部副经理。

2020年期间，完成火炬系统、液氨罐组等5项重大设计变，取消乙烯地面火炬，整合到高架火炬系统，液氨罐组由低温常压储罐变更为压力球罐，优化柴油罐组流程设计，实现提质增效；完成原油罐组、炼油中间罐组、化工中间罐组、液体装卸车设施等52个罐组单元60% 3D模型审查工作。

截至2020年12月31日，储运生产部（PMT10）在册员工72人，其中管理人员19人，技能操作人员53人，拥有高级技术职称8人，中级技术职称8人，党员40人。何秀云任经理，牟方庆、林巍、沈立辉、吴少伟任副经理；何秀云任党支部书记。部门领导班子成员分工如下：何秀云主持党支部、部门全面工作，负责部门全面管理等工作，分管组织人事及绩效管理工作；牟方庆负责部门设备及采购管理等工作，分管炼油区（原油除外）及火炬区等区域设备管理工作；林巍负责部门生产准备工作，负责员工培训工作，分管炼油区生产准备及日常管理工作；沈立辉负责部门投资及资产管理工作，分管原油及化工中间原料罐区设备日常管理工作；吴少伟负责部门设计技术及信息智能化工作，负责部门HSE管理及三同时工作，分管化工中间原料罐区生产准备及日常管理工作。

一、生产运行六部（PMT6）—储运生产部（PMT10）（2016.1—2020.12）

（一）生产运行六部（PMT6）领导名录（2016.1—2018.9）

经　　理　何秀云（2016.1—2018.9）

副 经 理　佟广滢（副处级，2018.6—9）

（二）储运生产部（PMT10）领导名录（2018.9—2020.12）

经　　理　何秀云（2018.9—2020.12）

副 经 理　牟方庆（正科级，2018.10—2020.12）

林　巍（2020.4—12）

于卫星（2020.4—6）

沈立辉（2020.4—12）

吴少伟（2020.6—12）

二、生产运行六部党支部—储运生产部党支部（2016.1—2020.12）

（一）生产运行六部党支部领导名录（2016.1—2018.9）

书　　记　何秀云（2016.1—2018.9）

（二）储运码头党支部领导名录（2018.9—2020.2）

书　　记　何秀云（2018.9—2020.2）

副 书 记　刘　舰（2018.9—2020.2）

（三）储运生产部党支部领导名录（2020.2—12）

书　　记　何秀云（2020.3—12）

第七节　生产运行七部（PMT7）—POX运行部（PMT8）（2016.1—2020.12）

2013 年 3 月，公司成立生产运行七部。同时，根据项目建设的实际需要，组建 PMT7。2016 年 1 月 1 日，生产运行七部在册员工 81 人，其中管理人员 6 人，操作人员 75 人，边兴福任经理。

生产运行七部 (PMT7) 主要负责七联合界区内的 POX 石油焦制氢装置及其附属设施。POX 石油焦制氢装置由石油焦和煤储运、料浆制备、气化、灰水处理、气化污水预处理、变换、低温甲醇洗、冷冻站、甲烷化、PSA 制氢等单元组成。以石油焦和煤、空分装置的氧气为主要原料，通过气化反应制取粗合成气。装置的产品主要是：氢气、合成气、燃料气、蒸汽等。

2016 年期间，根据公司项目建设方案规划，组织华陆院对方案进行研究、变更和核算，向华东院提供详尽方案和必要的数据；完成项目现场的维护和管理；完成实习人员由茂名石化转场广西石化顶岗学习。

2017 年期间，先后完成了 POX 项目可行性研究报告的编制送审；认真开展党风廉政建设思想教育，完成《党风廉政建设责任书》签订；完成危化品取证考试和广西石化实习装置上岗考试；完成实习人员由广西石化转场云南石化实习培训，参与装置监护工作。

2018 年 6 月，公司决定：蔡振宇任生产运行七部（PMT7）副经理（正科级）。

2018 年 9 月，根据公司组织机构调整实际，对公司部分党支部进行更名和调整，公司党委决定：生产运行七部党支部更名为 POX 运行部党支部。公司决定：鉴于公司加工方案已调整为炼化一体化项目，按照炼油、化工、公用工程对原有机构名称进行相应变更，生产运行七部（PMT7）更名为 POX 运行部（PMT8）。

POX 运行部 (PMT8) 主要负责石油焦制氢各相关装置，包括石油焦料浆气化、净化、低温甲醇洗、丙烯制冷、PSA 制氢以及配套设施。

2018 年 9 月，公司党委决定：边兴福任 POX 运行部党支部书记。公司决定：边兴福任 POX 运行部（PMT8）经理，蔡振宇任 POX 运行部（PMT8）副经理（正科级）。

2018 年期间，2 月完成《2018 年 POX 项目工艺包工作方案》编制；5 月召开石油焦制氢项目总体设计开工会；6 月完成编制《大于 100 天工作方案》，推进装置现场全面复工；7 月召开石油焦制氢装置总体设计内审会；9 月总体设计通过外部专家审查，石油焦制氢装置总体设计工作关闭，全面转向基础设计工作；11 月基础设计工作基本完成；完成现场详勘补勘工作。

2019 年 12 月，公司党委决定：胡军印任 POX 运行部党支部书记；边兴福任炼油生产五部党支部书记，免去其 POX 运行部党支部书记职务。公司决定：汪锋任 POX 运行部（PMT8）副经理，边兴福任炼油生产五部（PMT5）经理，免去其 POX 运行部（PMT8）经理职务，胡军印任 POX 运行部（PMT8）经理。

2019 年期间，先后完成石油焦制氢装置低温甲醇洗单元、PSA 单元重新设计和变更后的 HAZOP 分析和 SIL 定级，召开石油焦制氢装置基础设计外审会，完成基础设计审查；完成所有已采购设备的技术协议复核；配合完成详细设计招投标和PC合同修订；完成现场新增属地详勘补勘工作。

2020年6月，公司决定：蔡振宇任POX运行部副经理。

2020年期间，完成现场控制室、值班室等建筑的基础图，圆形煤仓、管带机的桩基图初步完成设计；设备采购工作基本全部完成，返资接近尾声；完成12台塔器设备吊装；石油焦制氢装置完成工程建设总量26.61%，地管主管已基本完成敷设，原煤储运装置码头部分完成场地移交并正式开工建设，现场机柜间开始基础施工；强抓新员工培训，组织成熟操作工招聘，开展操作规程和专项方案的编制。

截至2020年12月31日，POX运行部（PMT8）在册员工146人，其中管理人员22人，操作人员124人，拥有高级技术职称7人，中级技术职称12人，党员41人。胡军印任经理，蔡振宇、汪锋任副经理；胡军印任党支部书记。部门领导班子成员分工如下：胡军印主持党支部、部门全面工作，负责整体的项目建设、设计协调、物资采购和生产准备等工作，分管党群管理岗位、综合管理岗位、生产准备岗位；蔡振宇负责POX运行部党支部纪律检查、设计协调等工作，分管气化工艺岗位、净化工艺岗位；汪锋负责POX运行部党支部青年工作、设备采购等工作，分管气化设备岗位、净化设备岗位。

一、生产运行七部（PMT7）—POX运行部（PMT8）（2016.1—2020.12）

（一）生产运行七部（PMT7）领导名录（2016.1—2018.9）

经　　理　边兴福（2016.1—2018.9）

副 经 理　蔡振宇（正科级，2018.6—9）

（二）POX部（PMT8）领导名录（2018.9—2020.12）

经　　理　边兴福（2018.9—2019.12）

胡军印（2019.12—2020.12）

副 经 理　蔡振宇（2018.9—2020.12）

汪　锋（2019.12—2020.12）

二、生产运行七部党支部—POX 运行部党支部（2016.1—2020.12）

（一）生产运行七部党支部领导名录（2016.1—2018.9）

书　　记　边兴福（2016.1—2018.9）

（二）POX 运行部党支部领导名录（2018.9—2020.12）

书　　记　边兴福（2018.9—2019.12）
　　　　　胡军印（2019.12—2020.12）

第八节　空分合资工作组（PMT8）（2016.1—2018.9）

2012 年 8 月，广东石化分公司设空分合资工作组。2013 年 3 月，公司根据项目建设的实际需要，组建 PMT8。2016 年 1 月 1 日，空分合资工作组（PMT8）在册员工 2 人，其中方浴宇任空分合资工作组组长。

空分合资工作组主要负责空分装置及其配套设施，空分装置是广东石化项目的配套装置之一，主要为石油焦气化制氢、硫磺回收、丁辛醇上游装置等提供氧气，为所有装置提供氮气等气体产品。空分装置由 3 套 70000 标准立方米 / 时制氧能力的深冷空气分离装置及配套系统组成。

2016 年期间，针对空分设备仲裁案，空分项目组与相关部门配合，编写对答材料，收集相关证据，编写证言材料和针对普莱克斯的证言材料进行辩驳，配合企管法规部共同与律师一起拿出庭审策略，2016 年 5 月 17 日、18 日，空分设备纠纷案在中国国际经济贸易仲裁委员会开庭，庭审基本达到预想。

2017 年期间，完成了普莱克斯采购长周期设备部分接收工作，先后组织了空分设备检查与维护保养工作。

2018 年 4 月，公司党委决定：撤销机关第一党支部、机关第二党支部、工程管理部党支部，成立企管空分 PMT11 党支部，组成部门为企管法规部、空分合资工作组和 PMT11，汤明华任企管空分 PMT11 党支部书记；方浴宇任企管空分 PMT11 党支部副书记。

2018 年 9 月，公司决定：鉴于公司空分装置不再采取合资方式进行建设，因此，撤销空分合资工作组，原相关业务划入公用工程部统一管理。

一、空分合资工作组（PMT8）领导名录（2016.1—2018.9）

组　　长　方浴宇（2016.1—2018.9）

二、机关第二党支部—企管空分 PMT11 党支部（2016.1—2018.9）

（一）机关第二党支部领导名录（2016.1—2018.4）

书　　记　王义东（2016.1—2018.4）

（二）企管空分 PMT11 党支部领导名录（2018.4—9）

书　　记　汤明华（2018.4—9）

副 书 记　方浴宇（2018.4—9）

第九节　PMT9（2016.1—2018.9）

2013 年 3 月，公司根据项目建设的实际需要，组建 PMT9。2016 年 1 月 1 日，PMT9 在册员工 4 人，张文良任部门副经理，主持工作。

PMT9 主要负责厂前区办公楼、围墙、会议中心、员工宿舍、员工食堂及全厂地下管网阴极保护项目施工管理。

2016 年期间，组织协调厂前区办公楼、围墙、会议中心、员工宿舍、员工食堂及全厂地下管网阴极保护项目施工管理，维修站、库房配合库房除湿机用电等项工程按进度完成工作量，推行全面质量管理，定期组织相关部门参与质量检查，全年工程质量管理受控。

2017 年期间，先后完成行政办公楼幕墙安装、行政办公楼与会议中心连廊门窗安装、厂前区围墙剩余铁艺护栏安装；厂前区临时排水、临时防洪工程；行政办公楼到达封闭条件，做好了临时成品保护相关工作；完成地管阴极保护施工并投入运行。

2018 年 4 月，公司党委决定：撤销机关第一党支部、机关第二党支部、工程管理部党支部，成立工程 PMT9 党支部，组成部门为工程管理部、PMT9，许少民任工程 PMT9 党支部书记，田立军任工程 PMT9 党支部副书记。

2018 年 9 月，公司决定：PMT9 与 PMT10 合并更名为 PMT12。

一、PMT9 领导名录（2016.1—2018.9）

经　　理（空缺）

副 经 理　张文良（主持工作，2016.10）[①]

经理助理　田立军（主持工作，2016.10—2018.9）

二、机关第二党支部—工程 PMT12 党支部领导名录（2018.9—2020.12）

（一）机关第二党支部领导名录（2016.1—2018.4）

书　　记　王义东（2016.1—2018.4）

（二）工程 PMT9 党支部领导名录（2018.4—9）

书　　记　许少民（2018.4—9）

副 书 记　田立军（2018.4—9）

第十节　炼油生产四部（PMT4）（2018.9—2020.12）

2018 年 9 月，根据广东石化项目加工方案变化，公司成立炼油生产四部（PMT4），负责芳烃联合装置运行管理。2018 年 12 月 31 日，炼油生产四部在册员工 5 人，其中管理人员 3 人，文革任副经理负责人。

炼油生产四部（PMT4）主要负责芳烃联合装置及附属设施项目的设计和建设工作，以及党政工团、人员培训等工作。

2018 年 9 月，根据公司组织机构调整实际，公司党委决定：成立芳烃化工党支部，组成部门为炼油生产四部、化工生产一部和化工生产二部。

2018 年 9 月，公司党委决定：文革任芳烃化工党支部书记。公司决定：文革任炼油生产四部（PMT4）负责人（副科级）。

2018 年期间，先后组织召开芳烃联合装置工艺包设计开工会和 PFD（A）版审查会，提出、交流问题 94 项，并督促 UOP 根据审查意见进行修改

① 2016 年 10 月，张文良辞职。2016 年 10 月至 2018 年 9 月期间，副经理空缺。

和完善；协调昆仑工程编制项目实施一二级网络计划，编制进口设备、长周期设备目录和进度计划；完成芳烃联合装置工艺包合同技术附件中全部英文版工艺流程的翻译和转化，完成主要物料 PONA 分析组分的翻译，按照工艺培训手册的标准翻译、补充了工艺流程描述，编制了全部 6 个单元的 PPT 培训资料并组织开展部门内部培训。

2019 年 7 月，公司决定：文革任炼油生产四部（PMT4）负责人（正科级）。

2019 年期间，3 月，组织召开芳烃联合装置 PID 问题对接会，提出审查意见 566 条；4 月 21 日至 5 月 4 日，公司副总工程师花小兵带队到 UOP 开展并完成芳烃联合装置 PID 审查工作，专利商采纳修改意见 99 条，8 月，完成 SIL 定级；10 月召开基础设计预审查会；11 月，完成基础设计审查；12 月，基础设计获得正式批复。全年共完成内部培训项目 23 项，累计培训 187 人次，全年派出 6 批次，共计 21 人次到系统内外企业进行芳烃装置开停工、技术改造、项目建设调研和学习。

2020 年 2 月，公司党委决定：撤销芳烃化工党支部，成立炼油生产四部党支部。

2020 年 3 月，公司党委决定：文革任炼油生产四部党支部负责人。

2020 年 6 月，公司决定：吴东山任炼油生产四部副经理。

2020 年 7 月，根据广东石化项目生产管理需要，考虑所辖装置的数量及工艺关联度，经公司研究决定，对炼油生产三部、炼油生产四部管辖装置进行调整。将炼油生产三部所管辖的 2 套连续重整装置、石脑油加氢装置、氢气回收装置划入炼油生产四部管辖范围，上述装置配置的人员一并划入炼油生产四部管理。

炼油生产四部（PMT4）主要负责 300 万吨 / 年石脑油加氢装置、260 万吨 / 年芳烃联合装置、90 万吨 / 年焦化石脑油加氢装置、42 万标准立方米 / 时氢气回收（PSA）装置、2 套 300 万吨 / 年连续重整装置以及相应配套项目。

2020 年 7 月，公司党委决定：文革任炼油生产四部党支部副书记。公司决定：文革任炼油生产四部副经理（主持工作）；冯勇任炼油生产四部副经理，免去其炼油生产三部副经理职务。

2020 年期间，克服疫情等因素影响，全力推进现场复工，4 月，装置建设进入实质性施工阶段；11 月，全厂一次浇筑体积最大的抽余液塔设备基础圆满完成；完成各装置 30%、60%、90% 3D 模型审查和 HAZOP 分析；在 UOP 专有专利设备、催化剂采购方面，配合商务部开展 3 轮谈判，节约费用 706.16 万美元；经过充分调研并与 UOP 进行了详细沟通，ACI 格栅调整为国内制造、供货，预计节约费用 640 万元。

截至 2020 年 12 月 31 日，炼油生产四部（PMT4）在册员工 147 人，其中管理人员 26 人，操作人员 121 人，拥有高级技术职称 4 人，中级技术职称 20 人，党员 45 人。文革、吴东山、冯勇任副经理；文革任党支部副书记。部门领导班子成员分工如下：文革主持党支部、部门全面工作，负责人事、财务、综合、项目建设等工作，分管党建工程师岗位、HSE 工程师岗位、综合工程师岗位；吴东山负责纪检、工会、设备管理、采购管理、投资管理、施工管理工作，分管设备工程师岗位、综合工程师岗位；冯勇负责宣传、维稳、工艺管理、实习管理、操作服务人员培训、生产准备等工作，分管工艺工程师岗位、综合工程师岗位。

一、炼油生产四部（PMT4）领导名录（2018.9—2020.12）

经　　理（空缺）

副 经 理　文　革（副科级，负责人，2018.9—2020.12）

吴东山（2020.6—12）

冯　勇（2020.7—12）

二、芳烃化工党支部—炼油生产四部党支部（2018.9—2020.12）

（一）芳烃化工党支部领导名录（2018.9—2020.2）

书　　记　文　革（2018.9—2020.2）

（二）炼油生产四部党支部领导名录（2020.2—12）

书　　记（空缺）

副 书 记　文　革（负责人，2020.3—7；2020.7—12）

第十一节　化工生产一部（PMT6）
（2018.9—2020.12）

2018年9月，根据广东石化项目加工方案变化，公司成立化工生产一部（PMT6），负责芳乙烯裂解装置运行管理。2018年12月31日，化工生产一部在册员工4人，均为工程技术管理人员。

化工生产一部主要负责120万吨/年乙烯裂解装置、45万吨/年裂解汽油加氢（预留苯乙烯抽提）装置、11万吨/年丁二烯装置、8万吨/年MTBE、3万吨/年丁烯-1、80万吨/年苯乙烯装置以及相关辅助配套装置。

2018年9月，根据公司组织机构调整实际，公司党委决定：成立芳烃化工党支部，组成部门为炼油生产四部、化工生产一部和化工生产二部。

2018年9月，公司党委决定：文革任芳烃化工党支部书记。

2018年期间，完成乙烯裂解装置、苯乙烯装置等6套装置工艺包谈判、签署并全面启动工艺包设计；完成装置界面对接。

2019年12月，公司决定：李胜利任化工生产一部（PMT6）副经理；李慧涛任化工生产一部（PMT6）副经理。

2019年期间，1月，开展苯乙烯装置PFD审查；5月，开展化工区界面条件对接；6月开展苯乙烯装置工艺包审查；8月，完成苯乙烯装置HAZOP分析、SIL定级；10月，开展苯乙烯装置基础设计预审查；11月，开展苯乙烯装置基础设计审查；12月，启动苯乙烯装置尾气压缩机、乙烯压缩机、四联换热器、脱氢反应器采购流程。

2020年2月，公司党委决定：撤销芳烃化工党支部，成立化工生产一部党支部。

2020年3月，公司党委决定：郑海涛兼任化工生产一部党支部书记，李胜利任化工生产一部党支部副书记。公司决定：郑海涛任公司副总工程师，兼任化工生产一部经理。

2020年6月，公司党委决定：曾飞鹏任化工生产一部党支部副书记，免去郑海涛兼任的化工生产一部党支部书记职务。公司决定：曾飞鹏任化工生产一部副经理（主持工作），任刚任化工生产一部副经理；免去郑海涛兼任的化工生产一部经理职务。

2020年7月，公司党委决定：免去李胜利的化工生产一部党支部副书记职务。公司决定：王宏全任化工生产一部经理助理。

2020年期间，5月，120万吨/年乙烯装置开工建设；6月，完成11万吨/年丁二烯装置、8万吨/年MTBE/3万吨/年丁烯-1装置30%阶段三维模型审查；7月，80万吨/年苯乙烯装置、11万吨/年丁二烯装置、8万吨/年MTBE/3万吨/年丁烯-1装置开工建设；9月，完成乙烯装置3D模型60%的预审查，完成化工区第一个大体积混凝土浇筑工程乙烯装置3#裂解炉筏板基础混凝土浇筑，提前近10天完成丁二烯装置339根灌注桩、445根预制管桩的施工任务；11月，乙烯装置1#裂解炉辐射段A室启动吊装，拉开乙烯装置安装工程帷幕，化工区最高塔器——乙烯分离装置丙烯精馏塔完成基础大体积混凝土浇筑；12月，启动急冷区管廊钢结构吊装，完成5#裂解炉B辐射室吊装。

截至2020年12月31日，化工生产一部（PMT6）在册员工170人，其中管理人员27人，操作人员143人，拥有高级技术职称3人，中级技术职称12人，党员51人。李胜利、曾飞鹏、任刚任副经理，王宏全任经理助理；曾飞鹏任党支部副书记。部门领导班子成员分工如下：曾飞鹏主持党支部、部门全面工作，负责部门组织、党建、纪律检查、维护稳定、宣传、项目建设、费用控制等工作，分管综合岗位、党群干事岗位；李胜利负责部门乙烯、苯乙烯、丁二烯及MTBE/丁烯-1等4套装置项目设计、技术管理、生产管理、生产准备、健康安全环保、应急、消防、员工培训等管理工作，分管乙烯、苯乙烯、丁二烯、MTBE/丁烯-1装置工艺工程师岗位、HSE工程师岗位；李慧涛负责部门动设备及仪表专业管理、乙烯裂解、压缩、分离及汽油加氢4套装置设备物资采购与施工组织、施工质量、进度控制等工作，分管乙烯、苯乙烯、丁二烯、MTBE/丁烯-1装置设备工程师岗位；任刚负责部门静设备及电气专业管理、苯乙烯、丁二烯及MTBE/丁烯-1 3套烯烃装置物资采购和施工组织、施工质量、进度控制等工作，分管苯乙烯、丁二烯、MTBE/丁烯-1装置设备工程师岗位；王宏全协助工艺副经理分管乙烯裂解、压缩、分离及汽油加氢4套装置项目设计、技术管理、生产管理、生产准备、健康安全环保、应急、消防、员工培训等管理工作，分管乙烯装置工艺工程师岗位。

一、化工生产一部（PMT6）领导名录（2018.9—2020.12）

经　　理　郑海涛（兼任，2020.3—6）[1]

副 经 理　李胜利（2019.12—2020.12）

　　　　　李慧涛（2019.12—2020.12）

　　　　　曾飞鹏（主持工作，2020.6—12）

　　　　　任　刚（2020.6—12）

经理助理　王宏全（2020.7—12）

二、芳烃化工党支部—化工生产一部党支部（2018.9—2020.12）

（一）芳烃化工党支部领导名录（2018.9—2020.2）

书　　记　文　革（2018.9—2020.2）

（二）化工生产一部党支部领导名录（2020.2—12）

书　　记　郑海涛（2020.3—6）[2]

副 书 记　李胜利（2020.3—7）

　　　　　曾飞鹏（2020.6—12）

第十二节　化工生产二部（PMT7）（2018.9—2020.12）

2018年9月，根据广东石化项目加工方案变化，成立化工生产二部（PMT7），负责聚烯烃生产装置运行管理。2018年12月31日，化工生产二部在册员工5人，其中工艺工程师3人，设备工程师2人。

化工生产二部主要负责40万吨/高密度聚乙烯装置、80万吨/年全密度聚乙烯装置、50+20万吨/年聚丙烯装置以及相关辅助配套装置。

① 2018年9月至2020年3月期间，化工生产一部（PMT6）经理空缺。

② 2020年6月至12月期间，化工生产一部党支部书记空缺。

2018 年 9 月，根据公司组织机构调整实际，公司党委决定：成立芳烃化工党支部，组成部门为炼油生产四部、化工生产一部和化工生产二部。

2018 年 9 月，公司党委决定：文革任芳烃化工党支部书记。

2018 年期间，先后组织到独山子、兰州、武汉石化、福建联合等国内同类装置企业开展技术调研，到华南、华东化工销售公司进行调研及产品对接，了解市场情况，确定本项目聚烯烃的产品方案，完成可研阶段的聚乙烯及聚丙烯规模和建设方案的优化调整；开展聚乙烯、聚丙烯技术交流和谈判，完成 HDPE 装置的商务谈判。

2019 年 12 月，公司决定：王超任化工生产二部（PMT7）副经理。

2019 年期间，完成《安全生产责任清单》编制，全员签订安全环保责任书；完成 HDPE、FDPE、PP 3 套装置工艺包交付，完成 FDPE 装置和 PP 装置 HAZOP&SIL 分析；完成 3 套装置挤压机的商务谈判工作，完成循环气压缩机等关键设备技术交流，并升版了相关 MR 文件。

2020 年 2 月，公司党委决定：撤销芳烃化工党支部，成立化工生产二部党支部。

2020 年 3 月，公司党委决定：闫成玉任化工生产二部党支部书记。公司决定：闫成玉任化工生产二部经理；于现建任化工生产二部副经理。

2020 年 6 月，公司决定：连传敏任化工生产二部常务副经理。

2020 年 7 月，公司决定：卫小科任化工生产二部经理助理。

2020 年期间，先后完成基础设计阶段 HAZOP 分析及 SIL 定级，完成基础设计批复及概算调平，完成 30% 和 60% 3D 模型审查，完成 20 万吨 / 年聚丙烯装置工艺技术路线选择；完成 94 台（套）长周期设备终版 MR 文件发布并全部完成订货；9 月，聚烯烃装置全面开工；11 月，桩基施工全部结束，转入土建基础施工；完成 DCS 画面、操作规程初版、开工网络图的编制及开工物料需求统计，组织编制生产准备试车方案、专项方案。

截至 2020 年 12 月 31 日，化工生产二部（PMT7）在册员工 126 人，其中管理人员 22 人，操作人员 104 人，拥有高级技术职称 7 人，中级技术职称 15 人，党员 37 人。闫成玉任经理，连传敏任常务副经理，王超、于现建任副经理，卫小科任经理助理；闫成玉任党支部书记。部门领导班子成员分工如下：闫成玉主持党支部、部门全面工作，负责人事、财务、企管、综合等工作，分管党建工程师岗位、综合工程师岗位；连传敏负责企业文化、投资控制、设计管理等工作，分管党建岗位、工艺工程师岗位；王超负责青工管理、设备管理、采购、施工管理等工作，分管党建工程师岗位、设备工程师岗位；于现建负责纪检、工会、生产、HSE、质量、信息等工作，分管党建工程师岗位、工艺工程师、HSE 工程师岗位；卫小科负责组织工作、协助设备副经理管理设备、采购、施工等工作，分管党建工程师岗位、设备工程师岗位。

一、化工生产二部（PMT7）领导名录（2018.9—2020.12）

经　　理　闫成玉（2020.3—12）[①]

常务副经理　连传敏（2020.6—12）

副 经 理　王　超（2019.12—2020.12）

于现建（2020.3—12）

经理助理　卫小科（2020.7—12）

二、芳烃化工党支部—化工生产二部党支部（2018.9—2020.12）

（一）芳烃化工党支部领导名录（2018.9—2020.2）

书　　记　文　革（2018.9—2020.2）

（二）化工生产二部党支部领导名录（2020.2—12）

书　　记　闫成玉（2020.3—12）

第十三节　码头运行部（PMT11）（2018.9—2020.12）

2018 年 9 月，公司决定：根据所辖装置设施地理区域，按照厂内外进行分设，其中厂内储运设施分设后名称变更为储运生产部（PMT10），厂外码头、中转库及配套设施分设为码头运行部（PMT11）。2018 年 12 月 31 日，码头运行部在册员工 6 人，其中管理人员 5 人，操作人员 1 人，拥有

① 2018 年 9 月至 2020 年 3 月期间，化工生产二部（PMT7）经理空缺。

高级技术职称 3 人，中级技术职称 2 人，刘舰任副经理，主持工作。

码头运行部（PMT11）主要负责管理码头、原油码头中转库、长输管线及相关配套设施，主要包括原油码头、成品油码头、杂货码头、长输管线、中转库以及相关配套设施。

2018 年 9 月，根据公司组织机构调整实际，对公司部分党支部进行更名和调整，公司党委决定：生产运行六部党支部更名为储运码头党支部，组成部门为储运生产部和码头运行部。

2018 年 9 月，公司党委决定：何秀云任储运码头党支部书记，刘舰任储运码头党支部副书记。公司决定：刘舰任码头运行部（PMT11）副经理（副处级），主持工作，佟广滢任码头运行部（PMT11）副经理。

2019 年 12 月，公司决定：刘舰任码头运行部（PMT11）经理。

2018 年期间，召开 11 次设计专题工作会议，开展码头疏浚物临时性海洋倾倒区选划，推动原油码头沉箱基槽临时抛泥区方案上报和取证手续办理；开展产品码头工程防波堤修复分析专家咨询会，完成原油码头水下爆破作业前期工作并开展码头陆域疏浚工作；完成原油码头赶工措施的各项相关设计技术方案；开展码头用海、岸线及可研报审和批复的前期工作；完成长输管线路由确认，完成基础设计审查并出版设计报告；对接交通运输主管部门，落实关于码头方案调整后的用海、岸线及工可、初设、施工图的上报与审批流程；完成产品码头船舶技术规格书升级技术谈判。

2019 年期间，组织召开《中委广东石化 2000 万吨 / 年重油加工工程配套码头工程可行性研究报告（调整版）》专家评审会并取得揭阳市交通运输局批复；组织召开《原油码头施工图设计变更审查会专家评审会》并取得批复；完成码头初步设计报告编制；完成长输管线、码头、码头库区 HAZOP 分析和 SIL 分析评估；完成长输管线所有技术规格书的审核与升版工作；船舶采购的 MR 文件审核、升版，各标段技术协议的谈判和签署，节省采购费用 2305 万元。

2020 年 2 月，公司党委决定：撤销储运码头党支部，成立码头运行部党支部。

2020 年 3 月，公司党委决定：刘舰任码头运行部党支部书记。

2020 年 4 月，公司决定：江涛任码头运行部副经理。

2020年6月，公司决定：于卫星任码头运行部副经理，免去其储运生产部副经理职务。

2020年期间，组织召开重件泊位等调整版施工图设计等9次专家评审会并取得批复；开展产品码头重件泊位操作规程编制、原油码头、产品码头、长输管线、码头库区操作规程编制；完成码头库区30%、60% 3D模型审查，完成长输管线30%、60%、90% 3D模型审查；完成原油码头防波堤工程施工；重件泊位和重件道路建成投用，并成功上岸多台大型设备；长输管线完成龙江改河及龙江河3条管线穿越、完成雷岭河2条管线穿越；完成码头库区总图竖向开挖、47万立方米土方清运。

截至2020年12月31日，码头运行部（PMT11）在册员工42人，其中管理人员11人，操作人员31人，拥有高级技术职称3人，中级技术职称7人，党员14人。刘舰任经理，佟广滢、江涛、于卫星任副经理；刘舰任党支部书记。部门领导班子成员分工如下：刘舰主持党支部、部门全面工作，负责支部、部门全面管理工作，分管党建、组织人事及绩效管理工作；佟广滢负责支部的宣传工作，负责属地内的规划、设计管理工作，负责配合各部门参与各项评审及手续报批，负责建设期属地安全管理，负责生产期技术改造和对政府的协调工作，负责码头库区及原油码头的生产管理；江涛负责支部的组织工作，负责属地内的设备及采购管理工作，负责建设期施工汇总和进场设备检验、检查、安全管理；于卫星负责属地内的生产准备工作，负责员工培训工作，负责建设期重件泊位的运行，负责生产运行期的安全管理和技术管理，负责产品码头和长输管线的生产管理。

一、码头运行部（PMT11）领导名录（2018.9—2020.12）

经　　理　刘　舰（2019.12—2020.12）[①]

副 经 理　刘　舰（副处级，主持工作，2018.9—12）

佟广滢（2018.9—2020.12）

江　涛（2020.4—12）

于卫星（2020.6—12）

---

① 2018年9月至2019年12月期间，码头运行部（PMT11）经理空缺。

二、储运码头运行部党支部—码头运行部党支部（2018.9—2020.12）

（一）储运码头党支部领导名录（2018.9—2020.2）

书　　记　何秀云（2018.9—2020.2）

副 书 记　刘　舰（2018.9—2020.2）

（二）码头运行部党支部领导名录（2020.2—12）

书　　记　刘　舰（2020.3—12）

第十四节　PMT12（2018.9—2020.12）

2018 年 9 月，公司决定：PMT9 与 PMT10 合并更名为 PMT12。2018 年 12 月 31 日，PMT12 在册员工 3 人，拥有高级技术职称 1 人，中级技术职称 2 人，田立军任经理。

PMT12 主要负责中控室、中心化验室与环境保护监测站、行政办公楼、维修站、员工食堂、会议中心、制冷站、消防站（含气防站）、消防分站、厂前区综合、厂前区围墙、大门及守卫室、全厂电信、火灾报警系统、无线集群系统等及配套设施。

2018 年 9 月，根据公司组织机构调整实际，对公司部分党支部进行更名和调整，公司党委决定：工程 PMT9 党支部更名为工程 PMT12 党支部；许少民任工程 PMT12 党支部书记，田立军任工程 PMT12 党支部副书记。

2018 年 9 月，公司决定：田立军任 PMT12 经理助理（正科级），主持工作。

2018 年 10 月，公司决定：田立军任 PMT12 经理（副处级）。

2018 年期间，先后完成弱电系统 EPC 招标，完成行政办公楼加层方案深化设计，完成员工宿舍精装修合同签订，厂前区 6 月复工，化工区初勘 12 月开始施工，完成一卡通系统框架协议签订。

2019 年 12 月，公司党委决定：崔峥嵘任工程 PMT12 党支部书记；许少民任工程 PMT12 党支部副书记。

2019 年期间，先后完成行政办公楼四层加层结构，完成会议中心和员工宿舍现有图纸的安装作业，完成炼油区围墙及临时围挡施工，达到封闭条件，办公区新建临时食堂交付使用；完成厂前区已建四栋单体精装修方案和弱电设计，中心会议室精装修设计，行政办公楼加层施工图设计，厂前区基础设计，炼油区建设期周界防范设计，炼油区地管改造工程设计。

2020 年期间，完成厂前区原有四栋单体、化工区四通一平、化工区地下管网、炼油区地下管网、炼油区道路施工图纸全部出具；完成厂前区新建单体：中心控制室、中心化验室、生产管理楼、宿舍服务楼结构图出具，完成电气、暖通、消防专业设计；完成厂前区电梯技术协议签订，中心化验室四合一包完成招标，制冷站 43 台设备全部完成订货；完成行政办公楼、会议中心、员工宿舍楼改造及安装，完成炼油区、化工区地下管网施工，完成炼油区、化工区临电改造，完成化工区四通一平土方回填；完成关于炼油区地管、化工区地管、炼油区总图、化工区总图 3D 模型 90% 审查。

截至 2020 年 12 月 31 日，PMT12 在册员工 2 人，拥有高级技术职称 1 人，中级技术职称 1 人，党员 2 人。田立军任经理；崔峥嵘任党支部书记，田立军、许少民任党支部副书记。部门领导班子成员分工如下：田立军主持 PMT12 全面工作，负责厂前区及配套设施等工作。

一、PMT12 领导名录（2018.9—2020.12）

经　　理　田立军（副处级，2018.10—2020.12）

经理助理　田立军（正科级，主持工作，2018.9—10）

二、工程 PMT12 党支部领导名录（2018.9—2020.12）

书　　记　许少民（2018.9—2019.12）

　　　　　　崔峥嵘（2019.12—2020.12）

副 书 记　田立军（2018.9—2020.12）

　　　　　　许少民（2019.12—2020.12）

第五章 附　录

第一节 组织机构名录及沿革图

一、2016 年 1 月组织机构名录

单　位			
一、机关部门（10 个）			
1	综合管理部（党委办公室）	6	企业文化部（党群工作部）
2	人力资源部（党委组织部）	7	计划控制部
3	财务部	8	商务部
4	企管法规部	9	工程管理部
5	审计监察部（纪委办公室）	10	设计管理部
二、直属单位（5 个）			
1	HSE 中心	4	质量中心
2	生产准备中心	5	信息中心（PMT10）
3	设备管理中心		
三、二级单位（9 个）			
1.	生产运行一部（PMT1）	6	生产运行六部（PMT6）
2	生产运行二部（PMT2）	7	生产运行七部（PMT7）
3	生产运行三部（PMT3）	8	空分合资工作组（PMT8）
4	生产运行四部（PMT4）	9	PMT9
5	生产运行五部（PMT5）		

二、2020 年 12 月组织机构名录

单　位			
一、机关部门（10 个）			
1	综合管理部（党委办公室）	6	企业文化部（党委宣传部）
2	人力资源部（党委组织部）	7	计划控制部
3	财务部	8	商务部
4	企管法规部	9	工程管理部
5	纪委办公室（审计部）	10	设计管理部
二、直属单位（5 个）			
1	HSE 中心	4	质量中心
2	生产准备中心	5	信息中心
3	设备管理中心		
三、二级单位（12 个）			
1.	炼油生产一部（PMT1）	7	化工生产二部（PMT7）
2	炼油生产二部（PMT2）	8	POX 运行部（PMT8）
3	炼油生产三部（PMT3）	9	公用工程部（PMT9）
4	炼油生产四部（PMT4）	10	储运生产部（PMT10）
5	炼油生产五部（PMT5）	11	码头运行部（PMT11）
6	化工生产一部（PMT6）	12	PMT12

三、2016 年至 2020 年组织机构沿革图

图例说明

1. 本图主要按编年记事的方式简要绘制组织机构的沿革变化，主要包括机构的成立、更名、合并、拆分、撤销、划转等事项。

2. 本图中机构沿革变化以“机构名称”中首字母对应年份为时间节点。机构名称在一年中发生多次变更的，只显示最终名称。

3. 机构的延续用：⟶；撤销用：||；合并用：﹈；分设（分拆）用：﹇。

4. 一个机构挂多个牌子用：（ ）；机构合署办公用：⊐。

5. 具体图例符号使用详见每页机构沿革图下的“图例说明”。

组织机构沿革图

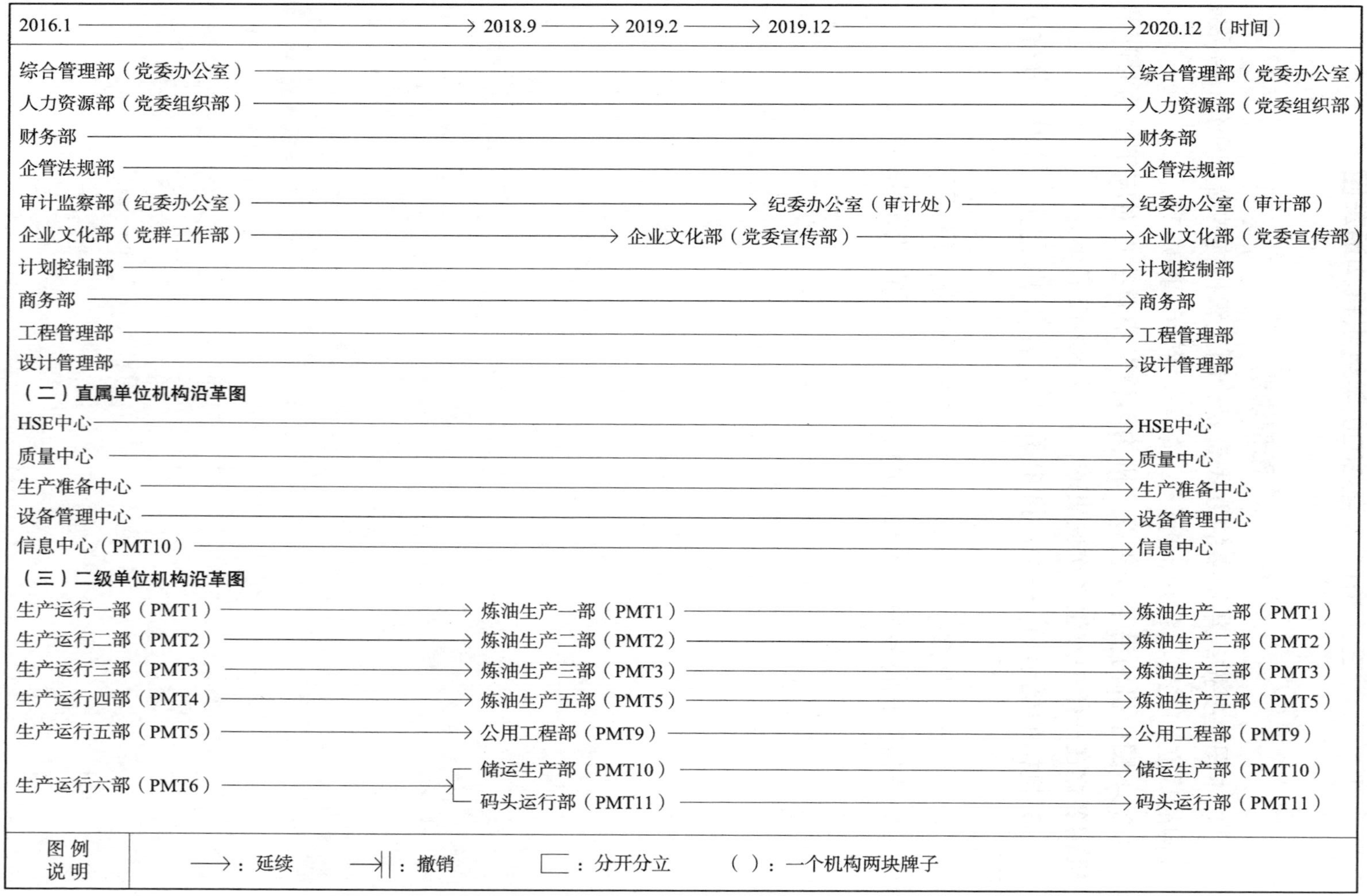
2016.1
2018.9
2019.2
2019.12
2020.12（时间）
综合管理部（党委办公室）
综合管理部（党委办公室）
人力资源部（党委组织部）
人力资源部（党委组织部）
财务部
财务部
企管法规部
企管法规部
审计监察部（纪委办公室）
纪委办公室（审计处）
纪委办公室（审计部）
企业文化部（党群工作部）
企业文化部（党委宣传部）
企业文化部（党委宣传部）
计划控制部
计划控制部
商务部
商务部
工程管理部
工程管理部
设计管理部
设计管理部
（二）直属单位机构沿革图
HSE中心
HSE中心
质量中心
质量中心
生产准备中心
生产准备中心
设备管理中心
设备管理中心
信息中心（PMT10）
信息中心
（三）二级单位机构沿革图
生产运行一部（PMT1）
炼油生产一部（PMT1）
炼油生产一部（PMT1）
生产运行二部（PMT2）
炼油生产二部（PMT2）
炼油生产二部（PMT2）
生产运行三部（PMT3）
炼油生产三部（PMT3）
炼油生产三部（PMT3）
生产运行四部（PMT4）
炼油生产五部（PMT5）
炼油生产五部（PMT5）
生产运行五部（PMT5）
公用工程部（PMT9）
公用工程部（PMT9）
生产运行六部（PMT6）
储运生产部（PMT10）
储运生产部（PMT10）
码头运行部（PMT11）
码头运行部（PMT11）
图例说明
：延续
：撤销
：分开分立
（）：一个机构两块牌子

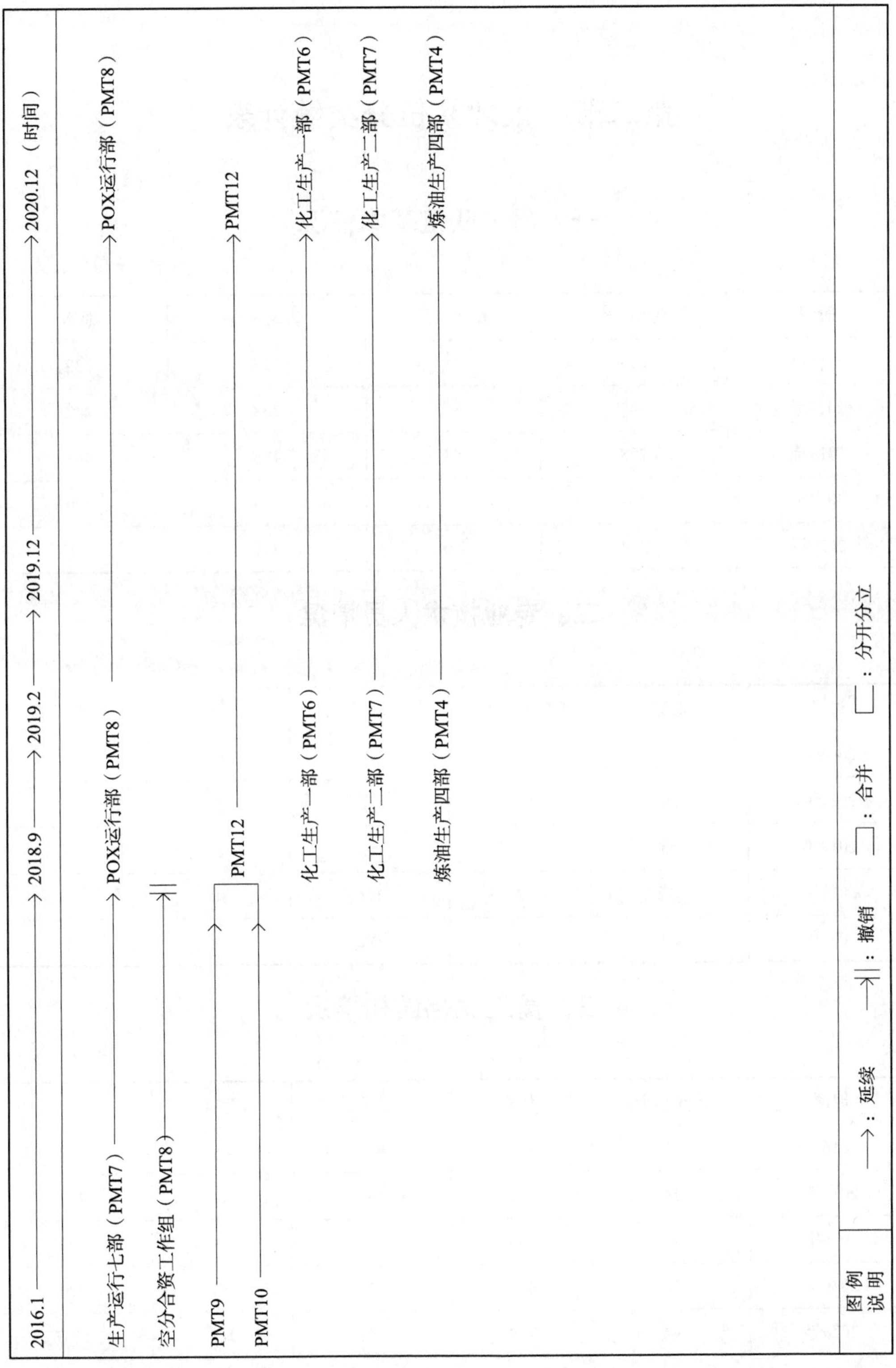
2016.1
2018.9
2019.2
2019.12
2020.12 （时间）
生产运行七部（PMT7）
POX运行部（PMT8）
POX运行部（PMT8）
空分合资工作组（PMT8）
PMT9
PMT10
PMT12
PMT12
化工生产一部（PMT6）
化工生产一部（PMT6）
化工生产二部（PMT7）
化工生产二部（PMT7）
炼油生产四部（PMT4）
炼油生产四部（PMT4）
图例说明
：延续
：撤销
：合并
：分开分立

第二节　人才队伍分类统计表

一、员工队伍基本情况

单位：人

时间	操作人员	技术人员	管理人员	总数
2016年	636	58	138	832
2017年	245	59	138	442
2018年	228	58	135	441
2019年	469	118	183	770
2020年	1230	228	249	1707

二、专业技术人员情况

单位：人

时间	总数	研究生及以上	本科	大专	大专以下
2016年	58	—	47	11	—
2017年	59	—	51	8	—
2018年	58	—	50	8	—
2019年	118	3	104	10	1
2020年	228	10	198	18	2

三、员工文化结构情况

单位：人

时间	硕士以上	大学	大专	大专以下	合计
2016年	17	327	440	48	832
2017年	14	259	130	39	442
2018年	14	249	120	38	421
2019年	24	443	235	68	770
2020年	44	738	742	183	1707

四、员工年龄结构情况

单位：人

时间	21～30岁	31～40岁	41～50岁	51～55岁	56～60岁
2016年	541	49	209	31	2
2017年	170	35	195	39	3
2018年	149	36	175	55	6
2019年	311	151	229	67	12
2020年	803	364	426	95	19

五、专业技术职称分类情况

序号	系列	专业名称
1	工程	石油炼制
2		石油化工
3		地面建设和油气储运
4		机械
5		信息工程
6		安全环保
7	会经统审	会计
8		经济
9		统计
10		审计
11	新闻	图书档案
12	政工	思想政治工作

第三节　技术专家名单

姓名	专家称号	聘期
连传敏	集团公司高级技术专家	2014.10—2016.12

第四节　正高级职称人员名单

姓名	专业技术资格名称	通过时间
刘希民	正高级工程师	2005.10
姜　文	正高级工程师	2005.11
宋晓昱	正高级工程师	2007.11
魏　强	正高级工程师	2009.9
张维波	正高级工程师	2011.11
于江林	正高级工程师	2015.8
李锡均	正高级工程师	2017.12
花小兵	正高级工程师	2017.12
王立新	正高级工程师	2017.12
张元礼	正高级工程师	2017.12
杨丽芳	正高级工程师	2017.12
康志军	正高级工程师	2019.10
于文魁	正高级会计师	2019.10

第五节 获得集团公司、省部级表彰的先进集体和先进个人

时间	荣誉称号	获奖人或单位	批准单位
2016年	集团公司“十二五”培训先进工作者	唐晓林	集团公司人事部
	集团公司“十二五”优秀兼职培训教师	高永地	
	集团公司2015年 环境保护先进个人	屈德君 杨 军	集团公司
	集团公司“十二五”期间和2015年外事工作先进个人	廉志丹	集团公司
	集团公司2016年 上半年体系审核优秀审核员	邱继丹 张志远 徐 丽 邢建明 孙晓峰	炼油与化工分公司
	集团公司“十二五”财税价格工作先进个人	王宏科	集团公司
	集团公司优秀共产党员	唐晓林	集团公司党组
	集团公司2016年物资采购与招标管理先进个人	李 明 夏建华	集团公司
	集团公司2013—2015年财务工作先进个人	潘德宁	集团公司
	集团公司质量计量标准化管理先进个人	吕晓阳	集团公司
	集团公司法律与合规工作先进个人	汤明华	集团公司
	集团公司“六五”普法先进个人	吴健华	
	集团公司“十二五”HSE管理体系推进工作先进个人	邱继丹	集团公司安全环保与节能部
2017年	集团公司办公室系统先进个人	廉志丹	集团公司
	集团公司2016年度优秀外事专办员	廉志丹	集团公司国际部
	集团公司组织史资料企业卷优秀著作奖	广东石化分公司	集团公司
	集团公司组织史资料编纂工作先进个人	唐晓林	
	集团公司企业年金工作先进单位	广东石化分公司	集团公司人事部
	集团公司企业年金工作先进个人	任慧敏	
	集团公司2016—2017年度统计先进个人	李 明 丁克成	集团公司规划计划部

续表

时间	荣誉称号	获奖人或单位	批准单位
2017年	集团公司 2016 年度安全生产先进个人	赵慧昌	集团公司
	集团公司 2016 年度绿色基层队（站）、车间（装置）	生产运行六部	
	集团公司 2016 年度环境保护先进个人	郭长景　丛阳	
	炼油与化工分公司 2016—2017 年度冬季培训先进单位	广西实习管理部 四川实习管理部	炼油与化工分公司
	炼油与化工分公司 2016—2017 年度冬季培训先进个人	唐晓林	
	炼油与化工分公司 2016—2017 年度冬季培训优秀兼职教师	王业坚　冯　勇 丛　阳	
	2017 上半年 HSE 审核优秀审核员	孙　涛	炼油与化分公司
	广东省 2017 年五一劳动奖状	生产运行六部	广东省总工会
2018年	优秀纪律审查	王早阳	党组纪律检查组
	2016—2017 年人事统计工作先进个人	任慧敏	集团公司
	2017 年度安全生产先进个人	任星联	集团公司
	2017 年度环境保护先进个人	鞠鸿鹏	集团公司
	2017 年度环境保护先进个人	牟方庆	集团公司
	审计工作先进个人	高亚梅	集团公司
	石油审计优秀论文二等奖	高亚梅	审计部
	2017 年度质量管理先进个人	赵　平	集团公司
	中国石油天然气集团有限公司技术能手	刘　冰	集团公司
	全国催化裂化工职业技能竞赛（国家二类）个人铜奖	刘　冰	中国石油化工集团、中国就业培训中心、中国石油集团公司
	集团公司 2018 年职业技能竞赛催化重整装置操作工个人银奖	夏　鹿	集团公司
	集团公司 2018 年职业技能竞赛催化重整装置操作工个人铜牌	李思扬	集团公司
	集团公司 2018 年职业技能竞赛催化重整装置操作工个人铜牌	杨　国	集团公司

续表

时间	荣誉称号	获奖人或单位	批准单位
2018年	集团公司2018年职业技能竞赛炼油装置班组长个人铜牌	胡锦彪	集团公司
	集团公司2018年职业技能竞赛炼油装置班组长个人铜牌	班作丹	集团公司
	集团公司2018年职业技能竞赛团体三等奖	广东石化分公司	集团公司
	全国催化裂化工职业技能竞赛（国家二类）优秀教练团队	郭 利 孙弘宇	集团公司
	绿色基层队（站）、车间（装置）	云南实习管理部	集团公司
	护网2018突出贡献	龚 辉	集团公司信息管理部
	护网2018突出贡献	任治洪	集团公司信息管理部
2019年	集团公司2014—2018年度资金管理先进工作者	马增路	集团公司资金部
	集团公司司库推广先进个人	丁 威	集团公司资金部
	集团公司2018—2019年度统计先进个人	尹振营	集团公司规划计划部
	集团公司2018—2019年度统计先进个人	李 明	集团公司规划计划部
	集团公司2018—2019年度统计先进个人	李根森	集团公司规划计划部
	集团公司2018—2019年度统计先进个人	丁克成	集团公司规划计划部
	2017—2018人力资源管理系统应用先进单位优秀关键用户	曾黎明	集团公司人事部
	集团公司人事档案工作先进工作者	王大江	集团公司人事部
	集团公司宣传思想文化工作先进个人	杨 昕	集团公司党组
	集团公司优秀共产党员	连传敏	集团公司党组
	集团公司先进基层党组织	实习管理部党支部	集团公司党组
	2018年中国石油天然气集团有限公司优秀审计项目三等奖	禹雷明 高亚梅 姜 羡	集团公司审计部
	集团公司2019年度物资、招标与装备管理先进个人	谢俊榕	集团公司物资装备部
	集团公司2019年度物资、招标与装备管理先进个人	宋广庆	
	集团公司2018年度质量管理先进个人	吕晓阳	集团公司质量安全环保部

续表

时间	荣誉称号	获奖人或单位	批准单位
2019年	集团公司 2018 年度先进 HSE 标准化站（队）	实习管理部	集团公司 质量安全环保部
	集团公司宣传思想文化工作先进集体	HSE中心	集团公司党组
	集团公司 2018 年度安全生产先进个人	岳玉宝	集团公司 质量安全环保部
	集团公司 2018 年度环境保护先进个人	屈德君	
	集团公司 2018 年度环境保护先进个人	邹文波	
	集团公司第十届“优秀青年”	刘　冰	集团公司
	广东省五一劳动奖章	连传敏	广东省总工会
	广东省优秀工作者	张　勇	广东省总工会
	护网 2019 突出贡献	李锡均	集团公司信息管理部
	护网 2019 突出贡献	龚　辉	集团公司信息管理部
	护网 2019 突出贡献	陈运庆	集团公司信息管理部
2020年	2020 年度集团公司 政策研究先进个人	郭永喜	集团公司政策研究室
	2019 年度集团公司 优秀外事专办员	孙郡泽	集团公司国际部
	2018—2019 年人事统计 工作先进个人	任慧敏	集团公司人事部
	全国优秀工会工作者	张　勇	中华全国总工会
	揭阳市最美工匠	杨立新	中共揭阳市委 揭阳市人民政府
	揭阳市三八红旗手	谢俊榕	
	2019 年度集团公司 宣传思想文化先进个人	曾宪会	集团公司
	2019 年度集团公司 宣传思想文化先进个人	许东哲	
	2018—2019 年度集团公司 优秀共青团员	孙雷雷	集团公司思想政治工作
	2018—2019 年度集团公司 最美青工名单	常鹏瑞	

续表

时间	荣誉称号	获奖人或单位	批准单位
2020年	管理创新成果评审专家表彰	汤明华	改革与企业管理部
	集团公司“十三五”统计工作先进个人	丁克成	集团公司规划计划部
	集团公司档案工作先进个人	陈俏俏	集团公司
	《中国石油天然气集团有限公司年鉴》工作优秀个人	赵　晶	集团公司
	护网 2020 突出贡献	龚　辉	集团公司信息管理部
	护网 2020 突出贡献	任治洪	集团公司信息管理部
	护网 2020 突出贡献	胡　锐	集团公司信息管理部
	2016-2020 年集团公司 先进集体	设计管理部	集团公司
	2018—2019 年度集团公司 五四红旗团支部	炼油生产三部	集团公司思政部
	集团公司 2019 年度 先进 HSE 标准化站（队）	码头运行部	集团公司
	集团公司 2019 年度 绿色车间（装置）	POX运行部	
	集团公司 2019 年度 绿色基层队（站）	炼油生产五部	
	2020 年度石油石化企业管理现代化管理创新优秀论文三等奖《在建工程增值税留抵税额返还探索》	王宏科	中国石油企业协会
	2020 年度石油石化企业管理现代化管理创新优秀论文三等奖《油气储运技术面临的挑战与发展前景》	张家田	中国石油企业协会
	2020 年度石油石化企业管理现代化管理创新优秀论文二等奖《基于应急救援目标的化工企业平面布局优化》	盖艳云　孟　亦 赵东风　姜　伟 石凤勇　张家田	中国石油企业协会
	2020 年度石油石化企业管理现代化管理创新优秀论文三等奖《优化流程应对“营改增”对企业引进国外工艺包业务的影响》	王志春　潘德宁 于文魁　马增路 杨　瑾　王阿楠	中国石油企业协会
	2020 年度石油石化企业管理现代化管理创新优秀著作三等奖《炼化设备及配套技术基础》	于江林　贾　生	中国石油企业协会

续表

时间	荣誉称号	获奖人或单位	批准单位
2020年	全国石油石化安全与应急技术交流大会优秀论文奖	李淑清　崔纪利	中国应急管理学会
	全国石油石化安全与应急技术交流大会优秀论文奖	吕纯真	中国应急管理学会
	500万吨/年炼化企业常压蒸馏装置操作工竞赛银牌	罗宇森	集团公司
	500万吨/年炼化企业常压蒸馏装置操作工竞赛银牌	闫金库	集团公司
	500万吨/年炼化企业常压蒸馏装置操作工竞赛银牌	武生祥	集团公司
	500万吨/年炼化企业常压蒸馏装置操作工竞赛团体第三名	王占锋　马　坚 崔正军　周　鸿	集团公司
	全国劳模	杨丽芳	中国共产党中央委员会、中华人民共和国国务院
	全国劳模	曾飞鹏	中国共产党中央委员会、中华人民共和国国务院
	集团公司特等劳动模范	杨丽芳	集团公司
	集团公司特等劳动模范	曾飞鹏	集团公司
	集团公司劳动模范	王重国	集团公司
	揭阳市劳模	蔡振宇	中共揭阳市委 揭阳市人民政府
	集团公司2019年度安全生产先进个人	任星联	集团公司
	集团公司2019年度环境保护先进个人	刘　舰	
	集团公司2019年度环境保护先进个人	郭长景	
	集团公司2019年度HSE管理体系审核先进个人	张华维	集团公司
	集团公司2019年度HSE管理体系审核先进个人	赵　平	
	质量管理先进个人	马逢源	集团公司

第六节 人事管理文件目录

序号	类别	文件名称	文件编号	印发时间
1	劳动组织	《党支部建设规范》	广石化党〔2018〕9号	2018.04.27
2		《各部门主要职责》	广石化〔2019〕15号	2019.03.15
3		《生产期各部门（单位）主要职责》	广石化〔2020〕40号	2020.06.04
4	绩效福利	《企业年金实施办法》	广石化〔2020〕55号	2020.07.31
5		《过渡年金实施办法》	广石化〔2020〕57号	2020.07.31
6	组织干部	《中层领导人员管理办法》	广石化党〔2019〕24号	2019.03.25
7		《关于加强和改进优秀年轻干部培养选拔工作的实施意见》	广石化党〔2018〕5号	2018.02.09
8		《中层领导人员绩效考核方案》	广石化〔2019〕46号	2019.07.17
9		《对不担当不作为领导人员进行组织处理的办法（试行）》	广石化党〔2019〕65号	2019.11.21
10		《中层领导人员选拔任用工作规范》	广石化党〔2020〕46号	2020.09.09
11	党的建设	《党建“三联”责任联系点工作实施细则》	广石化党〔2019〕18号	2019.03.15
12		《党内表彰管理办法》	广石化党〔2019〕40号	2019.06.17
13		《党建信息化平台应用和管理实施细则》	广石化党〔2019〕41号	2019.06.17
14		《党组织工作经费使用和管理办法》	广石化党〔2019〕51号	2019.07.29
15		《党费收缴、使用和管理办法》	广石化党〔2019〕52号	2019.07.29
16		《党支部党建责任考核暨达标晋级管理办法》	广石化党〔2019〕64号	2019.11.15
17		《党建责任清单》	广石化党〔2019〕68号	2019.12.13
18		《党支部书记抓基层党建工作述职评议考核实施细则》	广石化党〔2020〕53号	2020.11.23
19		《民主评议党员制度实施细则》	广石化党〔2020〕54号	2020.11.23

第七节　机构沿革和领导人员任职依据表

一、行政领导人员任职依据表

序号	文号	文件名称	姓名	任/免类别	任免职务名称	任免时间
1	〔2016〕307号	石油任	姜　文	免	广东石化分公司副总经理	2016.10.28
2	〔2018〕187号	石油任	李景耀	任	广东石化分公司副总经理	2018.07.17
3	〔2018〕252号	石油任	陈俊豪	任	广东石化分公司总经理	2018.10.12
4	〔2018〕252号	石油任	魏　强	免	广东石化分公司总经理	2018.10.12
5	〔2020〕57号	石油任	张维波	任	广东石化分公司总经理	2020.03.21
6	〔2020〕57号	石油任	瞿宾业	任	广东石化分公司总经理	2020.03.21
7	〔2020〕57号	石油任	于江林	免	广东石化分公司总经理	2020.03.21
8	〔2020〕77号	石油任	于文魁	免	广东石化分公司财务总监督	2020.05.21
9	〔2020〕11号	石油任	康志军	任	广东石化分公司总经理	2020.08.04
10	〔2020〕11号	石油任	陈俊豪	免	广东石化分公司总经理	2020.08.04
11	〔2020〕60号	石油任	王利中	任	广东石化分公司总会计师	2020.10.31
12	〔2020〕89号	石油任	李景耀	任	广东石化分公司安全总监	2020.11.16
13	〔2020〕89号	石油任	李锡均	免	广东石化分公司安全总监	2020.11.16

二、党委领导人员任职依据表

序号	文号	文件名称	姓名	任/免类别	任免职务名称	任免时间
1	〔2016〕206号	中油党组	魏　强	任	广东石化分公司党委书记	2016.10.28
2	〔2016〕206号	中油党组	姜　文	免	广东石化分公司党委书记、委员、纪委书记、工会主席	2016.10.28
3	〔2017〕286号	中油党组	胡张兴	任	广东石化分公司党委委员、纪委书记	2017.12.15
4	〔2018〕112号	中油党组	李景耀	任	广东石化分公司党委委员	2018.07.17
5	〔2018〕154号	中油党组	陈俊豪	任	广东石化分公司党委委员、书记	2018.10.12

续表

序号	文号	文件名称	姓名	任/免类别	任免职务名称	任免时间
6	〔2018〕154号	中油党组	魏 强	免	广东石化分公司党委委员、书记	2018.10.12
7	〔2020〕60号	中油党组	张维波	任	广东石化分公司党委委员	2020.03.21
8	〔2020〕60号	中油党组	瞿宾业	任	广东石化分公司党委委员	2020.03.21
9	〔2020〕60号	中油党组	于江林	免	广东石化分公司党委委员	2020.03.21
10	〔2020〕83号	中油党组	于文魁	免	广东石化分公司党委委员	2020.05.21
11	〔2020〕28号	中油党组	康志军	任	广东石化分公司党委委员、书记	2020.08.04
12	〔2020〕28号	中油党组	陈俊豪	免	广东石化分公司党委委员、书记	2020.08.04
13	〔2020〕98号	中油党组	王利中	任	广东石化分公司党委委员	2020.10.31

三、机关处室主要领导任职依据表

序号	处室设置	负责人职务	姓名	任命文号	任命日期
1	企管法规部	主任	汤明华	广石化人〔2014〕4号	2014.08.31
2	纪委办公室（审计部）	主任	禹雷明	广石化党〔2014〕10号	2014.08.04
3	设计管理部	主任	杨丽芳	广石化〔2019〕3号	2019.01.08
4	工程管理部	主任	崔峥嵘	广石化〔2019〕39号	2019.06.25
5	财务部	主任	潘德宁	广石化〔2019〕70号	2019.12.12
6	企业文化部（党委宣传部）	主任/部长	曾宪会	广石化〔2019〕70号 广石化党〔2019〕70号	2019.12.12
7	商务部	主任	张志远	广石化〔2019〕70号 广石化党〔2019〕70号	2019.12.12
8	综合管理部（党委办公室）	主任	梅 新	广石化〔2020〕21号 广石化党〔2020〕14号	2020.02.25
9	人力资源部（党委组织部）	主任/部长	邹吉武	广石化〔2020〕31号 广石化党〔2020〕24号	2020.03.24
10	计划控制部	主任	张元礼	广石化〔2020〕51号 广石化党〔2020〕39号	2020.06.30

第八节　员工情况简明表

一、员工名单（截至 2016 年 12 月）

部门	职务	姓名
公司领导	总经理、党委书记	魏　强
	财务总监督、党委委员	于文魁
	副总经理、党委委员	于江林
	副总经理、安全总监、党委委员	李锡均
	副总经理、党委委员	刘希民
	总经理助理	邵承宏
综合管理部（党委办公室）	主任	隋洪君
	主任助理	廉志丹
	员工	董大滨、杨　静、刘占霞、刘　岩
人力资源部（党委组织部）	主任	王宏伟
	副主任	曾宪会
	员工	唐晓林、王大江、吕葩铽、任慧敏、曾黎明、贝宁旭
财务部	副主任	潘德宁
	主任助理	马增路
	员工	王志春、王宏科、尹振营、郭　琪、张鸾骁、李心怡、杨　瑾
企管法规部	主任	汤明华
	员工	张文智、赵　晟、陈嘉燕
审计监察部（纪委办公室）	主任	禹雷明
	员工	王早阳、高亚梅、刘　琳
企业文化部（党群工作部）	主任	于文忠
	副主任	杨　昕
	员工	张　勇、蔡旭成

续表

部门	职务	姓名
计划控制部	主任	李 明
	员工	陈 乾、陈帮智、刘兴轩、谢俊榕、丁克成
商务部	主任	于 武
	副主任	孙志杰
	员工	范战生、袁立民、夏建华、宋广庆、叶 虎、廖安民、赵雪松 王常明、韩亚冬、胡 锐、叶赫然、马燕凤、陈 颖、何雄辉 邱建然、彭汉宏、詹健锐、徐炜豪、林伟杰、夏晓涛、林锦波 王华雨、胡冠杰、黄劲涛、陈校鑫
工程管理部	主任	梅 新
	书记	许少民
	副主任	刘 舰、郑树和
	主任助理	任志伟
	员工	杨 军、丁林辉、王重国、康海南
设计管理部	副主任	王中文
	员工	张明德
HSE中心	主任	邱继丹
	副主任	屈德君
	员工	陈 雷、任星联、李占军、李 强、赵慧昌、陈新钢、周 庆 郭长景
质量中心	主任	吕晓阳
	员工	赵 平、杨欣勃、屈 力
生产准备中心	主任	王义东
	副主任	顾宗军、连传敏
	员工	鞠鸿鹏、万 纯、王功祥、王 兵、黄学军、李志勇、丛 阳 马逢源、任茹辛、赵 琨、赵 辉、孙立峰、王海涛、张 英 田新红、霍红光、孙 锐、邵正欣、吴 柳、范昕霞、陈 静 刘泽锋、张 艺、温远锋、练志威、赵峻潇、陈 成、邵淑娟 冯春燕、刘翠连、刘 野、刘振亮、宋浩然、彭新钦、裴怡斐 吴伯强、吴秀清、宋佳楠、徐佳明、肖建全、张 婷、移亚兰 翟淑雅、许宏发、闫 超、林伟群、李腾辉、黄浩明、刘亚荣 巩 伟、梁家豪、陈家伟、马桂强、高 飞、孙艳艳、冷 琳 郑 鑫、于 跃、崔淑红、李晓旭、张晗冰、曾金嫚、王羽欣 李根森、李志远、李 晴、韩雨林、廖建智、崔纯宇、刘子豪 王丽娟、杜 鹏、丁 威、迟嘉宁

续表

部门	职务	姓名
设备管理中心	副主任	张志远、张　江、宋晓昱、徐　丽
	员工	孙晓峰、吕　斌、赵吉峰、杨玉国、贾　生、付振江、潘高峰、董　欣、刘　利、秦绪香、韩德志、许春勇、单永峰、刘文义、齐　文、陶　灵、施荣卫、朱野胜、王　鑫、王绍旭、阎京文、管　锴、孙绪刚、刘　禹、王　斌、张　涛、周叶庆、邢龙春、马天桥、姜光丰、高泽华、李士伦、姚　滨、温学成、于运武、谭明庆、佟锡龙、赵　晶、秦广路、王志宏、谢常青、常鹏瑞、邵德健、乔鹏利、何云德、倪玉超、张衷维、王　超、陈　派、刘延东、郭　蒙、黄晓天、杨林宇、秦丽坤、姜　羡、王阿楠、韦　韧、张军岩、朱瑞璋、陈孝辉、王洪玉
信息中心	主任	龚　辉
	主任助理	陈运庆
	员工	任治洪、武成恩、孙玉光
生产运行一部	经理	范　庆
	副经理	周　鸿
	员工	王业坚、嵇境鹏、铁宝峰、张　斌、陈　峰、赵秀臣、张焕柱、彭永良、冒士华、贺　磊、贺俊英、班作丹、白纯力、刘国辉、王凤军、黄　洋、李耀豪、纪燕福、李源平、孟庆钊、高凯生、包双权、李　斌、王　鹏、郑国龙、王晓龙、刘红强、张　帅、杨　林、白云发、茹福年、杨永涛、张　岩、李安友、郝正平、卓　超、苏雄锋、范汉权、梁贵成、罗宇森、陈宇钦、廖　乐、方志宏、郑梓江、何　洁、陈　高、于鑫森、姚茂祥、武生祥、张绍利、王志成、许东哲、李章鹏、姜俊平、买文骐、荣云赫、叶成鹏、周　斌、刘秋东、孙　浩、张　乐、张福彬、杨宏涛、杨荣亨、杨雪兵、邓　芳、邓明海、韩　达、刘学强、雍奎奎、李　凯、王　磊、张　铖、刘翔宇、陆健宇、洪伟鸿、黎伟良、王佰福
生产运行二部	经理	郭　利
	员工	孙弘宇、王治辉、张翼飞、常　玮、陈述卫、王福涛、周冬明、王靖亭、于春军、纪树静、申　健、张强胜、孙延芬、李长全、潘春革、刘　冰、张宗利、赵广强、关海涛、周聪明、张兵兵、文　远、谭　崎、陈家福、霍红亮、刘栋谋、何　吉、刘　念、许欣丰、谢小凯、文　军、林尚文、张超平、汪　均、苏杰科、张德福、张曾启、单顺风、崔云鹏、苟二军、陈以梁、陈民民、练雄辉、胡春荣、郭　达、韩新鹏、刘　涛、芮永杰、苗　松、张振明、王俊宏、王　瑜、杨文昌、杨永豪、许亚琪、邓　剑、刘双松、陈刘标、孙雷雷、廖新科、何李光、刘美芳、李大伟、任建华、邵忠伟、孙照杰、曾远辉、刘　芹、孙　杰、宋　亮、李彦斌、李　环、李　腾、王世远、董　刚、陈　飞、陈马奔、马志海、孙楠柯、王建华、梁卫勇、华　强、苏荣祥、黄炎彬、王　迪、张兴成、姜长龙、于　森、张　薇、黄智涛、梁忠林、刘　朋、刘　壮、任鹏飞、李其禹、贾芮昕、吴敬怡

续表

部门	职务	姓名
生产运行三部	经理	孙大勇
	经理助理	王铁军
	员工	董庆国、刘兴山、刘丙会、鞠国峰、朱 文、高国锋、韦见中 王岩峰、岳玉宝、周世文、冯 勇、王少春、程福礼、崔东玉 谭锦善、张学东、何福利、周新国、郭振富、陈 升、黄美福 李建峰、李长海、刘永涛、刘振龙、王成军、刘锦锋、温必稳 郑炎炳、杨凌波、付俊杰、任 磊、秦路尧、刘 栋、桂宏祥 姜忠鹰、曾 奇、林先雨、程 刚、曾晋晗、张良兵、范佳男 李志平、吕宏瑞、张晓文、梁文玉、洪光辉、丁晨宏、冯刚鹏 杨 国、马 玮、郑 震、张 维、张 通、阎鹏飞、潘清心 李文超、李思扬、沈立彬、邓龙辉、李 磊、田 晓、黄永道 刘 俊、吴 鹏、廖日才、张海鹏、施家琪、邓耀昌、高登堂 贾志军、杨 超、刘利凯、殷建超、周 鑫、于 旺、段 冲 毛成军、黎健基、丁 丽、夏 鹿、张 涛、徐天健、李 超 胡 锐、谢德辉、贺宏宇、赵锡臣、陈运明、刘卫芳、杜 娟 罗新昌、薛智鹏、袁 威、韩杰彪、任成磊
生产运行四部	经理	孙 涛
	副经理	吕继鹏
	员工	李作涛、白东明、李 涛、施朝辉、周姜维、刘华云、王忠诚 王立革、张忠武、付华庆、单立昌、张 艳、胡锦彪、刘 灿 孙润仪、曹煜杲、柯颖林、赵思远、阳 起、何林析、康干将 李光辉、李 昂、程 伟、迟耀威、高 强、刘沅林、刘 鹏 罗广朝、罗梓斌、乔 伟、孙志国、朴国峰、欧阳莲、裴 川 马诲豪、杨振宁、杨昌奇、许清鑫、谢欣立、于 洋、余嗣翰 张凯生、张小龙、张成龙、赵 锋、潘 东、邹浩元、李 晶 任天生、陈 恺、吴盛衍、柴 茂、毛生龙、王尧轩、赵亚荣 郭宾鹏、马继业、高龙涛、侯世超、樊 月、任翠格、孙 月 张又鑫、翟杰斯、方佳瑜、樊 庆、刘泽东、李宏武、李 超 王鹏展、薄上强、陈晓宇、何彦辰、戴全亮、王任远、谢 俊 邢元元、黄 润
生产运行五部	经理	谷学立
	副经理	邹文波、王秀章、刘铁利
	员工	周振柱、张 岩、王希光、宋大庆、陈 锦、陈智刚、陈宣琳 邢建明、张连松、孙 梅、刘利铭、孙宏华、陶生利、任焱辉 张广宇、徐秀霞、黄 宇、杨荣春、孔宪江、徐谊杰、褚福亚 尹 亮、张 翠、赵 飞、侯鹏飞、赵 杰、付浩茉、李 翔 王 静、吴孔兵、吴建新、张少雷、袁秀川、郭彦明、马广芒 张利国、杨睿豪、彭锡杰、郑子飞、陈奕涛、林梓鹏、王坤孝 谢善党、阮铭琨、孙 磊、黄强维、邬 野、周 鹏、王飞龙 诸 海、张一凡、谢相男、刘海旭、张 雷、于慧鹏、邹 鹏 孙得娟、史昊喆、杨 超、王新朋、邓 璇、陈圣飞、黄丙健 曾 金、杨春清、孙铁阳

续表

部门	职务	姓名
生产运行六部	经理	何秀云
	员工	齐　霁、牟方庆、林　巍、盛彬武、王　峰、平　洪、佟广滢、江　涛、张新宇、赵广江、史东玲、刘建洲、孙秀玉、孟宪建、崔东生、秦　庆、迟凤霞、李宗洋、樊永斌、崔星华、孟凡生、伊忠柱、王　敏、杨景山、杨升慧、刘岩峰、卢　伟、宋伟伟、张生福、李恩龙、王俊杰、王浩东、甘成龙、衣　琳、高　强、张亚朋、李　龙、王多福、王　波、王　鹏、任云聪、任得安、吴耀东、李　帅、李生攀、樊国宏、王　旭、田付勇、邢诗慧、郑海欢、郭明泽、迟长森、刘博书、崔银博、张　萌、梁　颖、田　苏、胡　涛、赵佳策、郭家良、付红晓、李林洋、田瑞地、高云玺、宋文军、高　阳、欧阳哲、李海权、杜佳明、李伟韬、吕安若、陈培磊
生产运行七部	经理	边兴福
	员工	时　东、栾洪彬、丁凤德、蔡振宇、冯克武、任亚东、尹　龙、李　柠、伍明光、何承驰、刘东旭、刘天宇、叶　欣、吕东东、吴　博、吴楚海、周俊鹏、周铜峰、唐建安、安兴旺、尹　国、张刚强、张如阳、张林辉、张武嘉、张　涛、张红斌、戴福庆、曾富安、朱　飞、李宇航、李永江、李鹏龙、杜梓耀、杨共乐、梁浩欢、樊　洪、江泽宏、王亚飞、王土媚、王天琦、王天睿、王　轩、王铁成、田　鑫、窦俊明、肖乐盛、范　恒、董　辉、谢膳亚、贾学文、赵瑞平、郑坚耀、郑新宇、钟　东、马天笑、魏　强、黄传义、龚恒飞、陈俏俏、杜宝强、杜斌斌、耿润香、金俞坤、陈　刚、陈　刚、陈旭原、蔡翰超、刘　洋、孙郡泽、张　毅、张相逢、张银霞、朱金平、柳　琦、王小军、陆天祥、沈世龙
空分合资工作组	经理	方浴宇
	员工	韩　冬
PMT9	经理助理	田立军
	员工	周殿礼、阳庸楷
PMT11	部门负责人	文　革
	员工	张家田、郭海峰

二、员工名单（截至 2017 年 12 月）

部门	职务	姓名
公司领导	总经理、党委书记	魏 强
	财务总监督、党委委员	于文魁
	副总经理、党委委员	于江林
	副总经理、安全总监、党委委员	李锡均
	副总经理、党委委员	刘希民
	党委委员、纪委书记	胡张兴
	总经理助理	邵承宏
综合管理部（党委办公室）	主任	隋洪君
	主任助理	廉志丹
	员工	刘占霞、董大滨、杨 静、孙郡泽、王羽欣
人力资源部（党委组织部）	主任	王宏伟
	副主任	曾宪会
	员工	唐晓林、王大江、吕葩铖、曾黎明、任慧敏、张衷维
财务部	副主任	潘德宁
	主任助理	马增路
	员工	王志春、王宏科、尹振营、李心怡、王阿楠、杨 瑾、丁 威
企管法规部	主任	汤明华
	员工	张文智、陈嘉燕
审计监察部（纪委办公室）	主任	禹雷明
	员工	王早阳、高亚梅
企业文化部（党群工作部）	主任	于文忠
	副主任	杨 昕
	员工	张 勇、蔡旭成、贝宁旭

续表

部门	职务	姓名
计划控制部	主任	李明
	员工	谢俊榕、陈　乾、丁克成、刘兴轩、陈帮智、崔东玉
商务部	主任	于武
	副主任	孙志杰
	员工	叶　虎、宋广庆、赵雪松、袁立民、夏建华、廖安民、王常明 马燕凤、陈校鑫、叶赫然、李晓旭、何雄辉、彭汉宏、徐炜豪 詹健锐、林锦波、夏晓涛、王华雨、黄劲涛、杨　超、陈孝辉 林伟杰
工程管理部	主任	梅　新
	书记	许少民
	副主任	刘　舰、郑树和
	主任助理	任志伟
	员工	杨　军、丁林辉、王重国、任茹辛、田新红、孙　锐、吴　柳 李根森、孙　梅、刘利铭、黄　宇、张新宇、迟凤霞
设计管理部	副主任	王中文
	员工	张明德、王　静
HSE中心	主任	邱继丹
	副主任	屈德君
	员工	周　庆、陈　雷、任星联、李占军、李　强、陈新钢、赵慧昌 郭长景
质量中心	主任	吕晓阳
	员工	赵　平、杨欣勃
生产准备中心	主任	王义东
	副主任	顾宗军、连传敏
	员工	王　兵、鞠鸿鹏、丛　阳、李长华、王功祥、王　峰、刘华云 王忠诚、马逢源、黄学军、范战生、李志勇、林大平、李岩书 代明坤、王　纲、赵　琨、赵　辉、孙立峰、王海涛、张　英 范昕霞、陈　静、刘泽锋、练志威、陈　成、刘翠连、吴秀清 徐佳明、肖建全、许宏发、林伟群、李腾辉、黄浩明、梁家豪 孙艳艳、于　跃、张晗冰、曾金嫚、廖建智、刘子豪、冒士华 刘双松、林先雨、刘沅林、吴盛衍、张　萌

续表

部门	职务	姓名
设备管理中心	主任	张志远
	副主任	张　江、宋晓昱、徐　丽
	员工	孙晓峰、吕　斌、付振江、李士伦、秦绪香、刘　禹、王　鑫 朱野胜、赵吉峰、陶　灵、王绍旭、孙绪刚、邢龙春、单永峰 刘文义、施荣卫、许春勇、张　涛、周叶庆、杨玉国、贾　生 潘高峰、董　欣、齐　文、阎京文、管　锴、谢常青、常鹏瑞 邵德健、乔鹏利、倪玉超、陈　派、刘延东、郭　蒙、黄晓天 姜　羡、韦　韧、张军岩、姚　滨、秦广路、王　斌、马天桥 姜光丰、高泽华、温学成、谭明庆、佟锡龙、赵　晶、于运武
信息中心	主任	龚　辉
	主任助理	陈运庆
	员工	孙玉光、任治洪、韩亚冬、胡　锐
生产运行一部	经理	范　庆
	副经理	周　鸿
	员工	王业坚、嵇境鹏、铁宝峰、张　斌、陈　峰、赵秀臣、刘国辉 王凤军、黄　洋、李源平、高凯生、范汉权、梁贵成、罗宇森 郑梓江、武生祥、许东哲、荣云赫、杨荣亨、王　磊、洪伟鸿 张焕柱、彭永良、班作丹、白纯力
生产运行二部	经理	郭　利
	员工	孙弘宇、王治辉、张翼飞、常　玮、陈述卫、周冬明、王靖亭 王福涛、刘　冰、张宗利、关海涛、文　远、何　吉、刘　念 许欣丰、汪　均、练雄辉、郭　达、孙雷雷、刘美芳、陈　飞 梁卫勇、黄炎彬、张兴成、于　淼、黄智涛、梁忠林、于春军 纪树静、张强胜、李长全、潘春革
生产运行三部	经理	孙大勇
	经理助理	王铁军
	员工	刘兴山、刘丙会、鞠国峰、朱　文、高国锋、韦见中、王岩峰 岳玉宝、周世文、冯　勇、王少春、董庆国、程福礼、郑炎炳 范佳男、李志平、洪光辉、杨　国、潘清心、李思扬、沈立彬 刘　俊、廖日才、刘利凯、于　旺、段　冲、夏　鹿、胡　锐 谢德辉、贺宏宇、陈运明、康海南、谭锦善、张学东、何福利 周新国、陈　升、黄美福、李长海

续表

部门	职务	姓名
生产运行四部	经理	孙　涛
	副经理	吕继鹏
	员工	李作涛、白东明、李　涛、施朝辉、王立革、周姜维、张忠武、付华庆、单立昌、张　艳、胡锦彪、孙润仪、柯颖林、赵思远、阳　赳、罗梓斌、乔　伟、马海豪、杨振宁、许清鑫、余嗣翰、张凯生、邹浩元、高龙涛、任翠格、孙　月、方佳瑜、陈晓宇、谢　俊、黄　润
生产运行五部	经理	谷学立
	副经理	邹文波、王秀章、刘铁利
	员工	张　岩、周振柱、陈　锦、陈智刚、陈宣琳、邢建明、宋大庆、屈　力、陶生利、任焱辉、张广宇、徐秀霞、王希光、杨荣春、孔宪江、徐谊杰、杨睿豪、郑子飞、陈奕涛、王坤孝、刘海旭、孙得娟、杨春清、孙铁阳
生产运行六部	经理	何秀云
	员工	佟广滢、江　涛、齐　霁、牟方庆、林　巍、盛彬武、平　洪、崔星华、赵广江、史东玲、刘建洲、孙秀玉、孟凡生、崔东生、秦　庆、李宗洋、伊忠柱、王　敏、刘岩峰、甘成龙、吴耀东、刘博书、梁　颖、郭家良、高云玺、宋文军、欧阳哲、杜佳明、吕安若、陈培磊
生产运行七部	经理	边兴福
	员工	蔡振宇、时　东、栾洪彬、丁凤德、冯克武、李　柠、叶　欣、吴　博、吴楚海、周俊鹏、朱　飞、李宇航、杜梓耀、江泽宏、王　轩、王铁成、肖乐盛、谢膳亚、郑坚耀、钟　东、马天笑、魏　强、陈俏俏、杜斌斌、蔡翰超、刘　洋
空分合资工作组	主任	方浴宇
	员工	韩　冬
PMT9	经理助理	田立军
	员工	周殿礼、阳庸楷、韩德志
PMT11	部门负责人	文　革
	员工	张家田、郭海峰

三、员工名单（截至 2018 年 12 月）

部门	职务	姓名
公司领导	党委书记、总经理	陈俊豪
	党委委员、财务总监	于文魁
	党委委员、副总经理	于江林
	党委委员、副总经理、安全总监	李锡均
	党委委员、副总经理	刘希民
	党委委员、纪委书记	胡张兴
	党委委员、副总经理	李景耀
	总经理助理	邵承宏
综合管理部（党委办公室）	主任	隋洪君
	副主任	廉志丹
	员工	董大滨、孙郡泽、王羽欣
人力资源部（党委组织部）	主任	王宏伟
	员工	唐晓林、王大江、曾黎明、任慧敏、张衷维、吕葩钺
财务部	副主任	潘德宁、马增路
	员工	王志春、王宏科、尹振营、王阿楠、杨 瑾、丁 威
企管法规部	主任	汤明华
	员工	张文智、陈嘉燕
审计监察部（纪委办公室）	主任	禹雷明
	员工	高亚梅、王早阳、姜 羡、肖乐盛
企业文化部（党群工作部）	副主任	曾宪会、杨 昕
	员工	张 勇、蔡旭成、贝宁旭
计划控制部	主任	李 明
	员工	谢俊榕、陈 乾、丁克成、刘兴轩、陈帮智、崔东玉
商务部	主任	于 武
	副主任	孙志杰
	员工	叶 虎、宋广庆、赵雪松、袁立民、夏建华、廖安民、王常明、何雄辉、彭汉宏、徐炜豪、詹健锐、林锦波、夏晓涛、王华雨、黄劲涛、杨 超、陈孝辉、马燕凤、陈校鑫、李晓旭

续表

部门	职务	姓名
工程管理部	主任	梅　新
	书记	许少民
	副主任	任志伟
	员工	杨　军、王重国、孙　梅、刘利铭、黄　宇、张新宇、迟凤霞 赵　晶、黄晓天、孙　锐、吴　柳、李根森、陈俏俏
设计管理部	副主任	王中文
	员工	周姜维、张明德、王　静、邵德健
HSE中心	主任	邱继丹
	副主任	屈德君
	员工	陈新钢、周　庆、陈　雷、任星联、李占军、李　强、赵慧昌 沈立彬、韦　韧、郭长景
质量中心	主任	吕晓阳
	员工	赵　平、杨欣勃
生产准备中心	主任	王义东
	副主任	张　江、连传敏
	员工	王　兵、鞠鸿鹏、丛　阳、李长华、王功祥、马逢源、黄学军 李志勇、冒士华、刘双松、吴盛衍、张　萌、赵　琨、赵　辉 孙立峰、王海涛、张　英、范昕霞、陈　静、练志威、陈　成 刘翠连、吴秀清、徐佳明、肖建全、许宏发、林伟群、李腾辉 叶赫然、梁家豪、孙艳艳、于　跃、张晗冰、曾金嫚、廖建智
设备管理中心	主任	张志远
	副主任	宋晓昱、徐　丽
	员工	孙晓峰、吕　斌、付振江、李士伦、秦绪香、刘　禹、王　鑫 朱野胜、赵吉峰、陶　灵、王绍旭、孙绪刚、邢龙春、韩德志 单永峰、刘文义、施荣卫、秦广路、王　斌、许春勇、周叶庆 杨玉国、贾　生、潘高峰、齐　文、阎京文、管　锴、马天桥 温学成、谭明庆、佟锡龙、姜光丰、于运武、高泽华、常鹏瑞 乔鹏利、倪玉超、刘延东、张军岩、谢常青、姚　滨
信息中心	主任	龚　辉
	副主任	陈运庆
	员工	孙玉光、任治洪、韩亚冬、胡　锐

续表

部门	职务	姓名
炼油生产一部	经理	范 庆
	副经理	周 鸿、王业坚
	员工	张焕柱、嵇境鹏、张 斌、陈 峰、赵秀臣、彭永良、班作丹 白纯力、刘国辉、王凤军、黄 洋、李源平、高凯生、范汉权 梁贵成、罗宇森、郑梓江、武生祥、许东哲、荣云赫、杨荣亨 王 磊、洪伟鸿
炼油生产二部	经理	郭 利
	副经理	孙弘宇、董 欣
	员工	张翼飞、王靖亭、周冬明、陈述卫、王治辉、于春军、纪树静 张强胜、李长全、潘春革、刘 冰、关海涛、文 远、何 吉 许欣丰、汪 均、练雄辉、郭 达、孙雷雷、陈 飞、梁卫勇 黄炎彬、张兴成、于 森、黄智涛、梁忠林
炼油生产三部	经理	孙大勇
	副经理	王铁军、冯 勇
	员工	董庆国、刘丙会、鞠国峰、高国锋、韦见中、王岩峰、岳玉宝 李长海、周世文、王少春、程福礼、黄美福、张学东、何福利 周新国、陈 升、郑炎炳、林先雨、范佳男、李志平、杨 国 潘清心、李思扬、刘 俊、廖日才、刘利凯、于 旺、段 冲 夏 鹿、胡 锐、谢德辉、贺宏宇、陈运明、康海南
炼油生产四部	负责人	文 革
	员工	常 玮、朱 文、谭锦善、郭 蒙
炼油生产五部	经理	顾宗军
	副经理	吕继鹏、李 涛
	员工	李作涛、白东明、施朝辉、张忠武、王立革、付华庆、单立昌 张 艳、胡锦彪、孙润仪、柯颖林、赵思远、阳 赳、罗梓斌 乔 伟、马诲豪、杨振宁、许清鑫、余嗣翰、张凯生、邹浩元 高龙涛、任翠格、陈晓宇、谢 俊、黄 润
化工生产一部	员工	王 峰、王 纲、刘华云、王忠诚
化工生产二部	员工	范战生、代明坤、林大平、李岩书
POX运行部	经理	边兴福
	副经理	蔡振宇
	员工	丁凤德、冯克武、时 东、栾洪彬、李 重、方佳瑜、李 柠 叶 欣、吴 博、周俊鹏、李宇航、杜梓耀、江泽宏、王 轩 王铁成、谢膳亚、郑坚耀、钟 东、马天笑、魏 强、杜斌斌 蔡翰超、刘 洋

续表

部门	职务	姓名
公用工程部	经理	谷学立
	副经理	方浴宇、邹文波、王秀章、刘铁利
	员工	周振柱、韩　冬、张　岩、王希光、宋大庆、陈　锦、陈智刚 陈宣琳、邢建明、屈　力、陶生利、任焱辉、张广宇、徐秀霞 杨荣春、孔宪江、徐谊杰、杨睿豪、郑子飞、陈奕涛、王坤孝 杨春清、孙铁阳
储运生产部	经理	何秀云
	副经理	牟方庆
	员工	齐　霁、林　巍、盛彬武、赵广江、史东玲、刘建洲、孙秀玉 崔东生、秦　庆、李宗洋、崔星华、孟凡生、王　敏、刘岩峰 甘成龙、吴耀东、刘博书、梁　颖、郭家良、高云玺、宋文军 欧阳哲、杜佳明、陈培磊
码头运行部	副经理	刘　舰、佟广滢
	员工	铁宝峰、平　洪、江　涛、林伟杰
PMT12	经理	田立军
	员工	周殿礼、阳庸楷、田新红
其他	主任	郑树和
	员工	郭海峰、张家田、孙得娟

四、员工名单（截至 2019 年 12 月）

部门	职务	姓名
公司领导	党委书记、总经理	陈俊豪
	党委委员、财务总监	于文魁
	党委委员、副总经理	于江林
	党委委员、副总经理、安全总监	李锡均
	党委委员、副总经理	刘希民
	党委委员、纪委书记	胡张兴
	党委委员、副总经理	李景耀
	总经理助理	邵承宏
	副总工程师	花小兵
	副总工程师	王立新

续表

部门	职务	姓名
综合管理部（党委办公室）	副主任	杨 昕、廉志丹
	员工	董大滨、郭永喜、孙郡泽
人力资源部（党委组织部）	主任	王宏伟
	副主任	梅 新、刘京平
	员工	唐晓林、曾黎明、刘靖伟、王大江、任慧敏、张衷维
财务部	主任	潘德宁
	副主任	马增路
	员工	王志春、王宏科、尹振营、叶赫然、杨 瑾、王阿楠、丁 威
企管法规部	主任	汤明华
	副主任	孙弘宇、李海林
	员工	周振柱、赵建双、谢俊榕、刘兴轩、陈嘉燕、肖建全
纪委办公室（审计部）	主任	禹雷明
	员工	高亚梅、王早阳、陈 震、孙瑞昀、姜 羡、肖乐盛
企业文化部（党委宣传部）	主任	曾宪会
	员工	张 勇、蔡旭成、张立周、贝宁旭、王羽欣
计划控制部	主任	李 明
	副主任	马国通
	员工	陈 乾、丁克成、马 林、陈帮智、崔东玉
商务部	主任	张志远
	副主任	孙志杰
	员工	袁立民、叶 虎、宋广庆、张帅东、朱常诚、赵雪松、夏建华、王丽荣、廖安民、王常明、马燕凤、杨 超、李晓旭、陈孝辉
工程管理部	主任	崔峥嵘
	常务副主任	许少民
	副主任	任志伟、薛 巍、王显来
	员工	杨 军、张智勇、段庆峰、徐 勇、王重国、屈 力、张新宇、吴 柳、孙 梅、赵 晶、孙 锐、黄 宇、黄晓天、李根森、陈俏俏

续表

部门	职务	姓名
设计管理部	主任	杨丽芳
	副主任	王中文、连传敏
	员工	周姜维、张明德、黄学军、李志勇、卫晓斌、陈　阳、王　静 胡廷芳、张文智、马偲勋、和树立、林先雨、邵德健、吴盛衍
HSE中心	主任	邱继丹
	副主任	屈德君
	员工	陈新钢、李占军、赵慧昌、周　庆、陈　雷、任星联、李　强 郭长景、沈立彬、韦　韧
质量中心	主任	吕晓阳
	员工	宫瑞虎、杨欣勃、赵　平
生产准备中心	主任	王义东
	副主任	谷学立、张　江
	员工	马逢源、王　兵、鞠鸿鹏、丛　阳、李长华、王功祥、冒士华 刘双松、张　萌、赵　琨、赵　辉、孙立峰、王海涛、张　英 田新红、辛　悦、熊　伟、邓淞原、吴　静、范昕霞、陈　静 蔡　捷、陈思言、温远锋、练志威、陈　成、刘翠连、徐佳明 张　婷、许宏发、林伟群、李腾辉、陈校鑫、梁家豪、陈家伟 孙艳艳、于　跃、张晗冰、曾金嫚、廖建智、张铭礼、张达志 王　雨、吕炳强、漆学龙、程午季、王伟斌、樊欣尉、陈艳霞 王宝钰、李宏强、陈奕坤、高帆杰、黄俊建、段宇辰、赵　洋 来尤佳、黄中阳、王佳慧、任雪婷、陈万喜
设备管理中心	主任	王立新
	副主任	方浴宇、宋晓昱、徐　丽
	员工	杨玉国、贾　生、张思阳、阎京文、潘高峰、管　锴、高　斌 付振江、李士伦、朱野胜、赵吉峰、王绍旭、孙绪刚、韩德志 刘文义、张学伟、王　斌、许春勇、周叶庆、孙晓峰、秦绪香 刘　禹、王　鑫、赵世先、陶　灵、邢龙春、贾晓亮、邱　悦 单永峰、施荣卫、李　森、马天桥、姜光丰、高泽华、温学成 于运武、谭明庆、佟锡龙、常鹏瑞、乔鹏利、倪玉超、刘延东 张军岩、张　磊、王　昊、姚　滨、秦广路
信息中心	主任	龚　辉
	副主任	陈运庆
	员工	吕　斌、任治洪、孙玉光、韩亚冬、胡　锐

续表

部门	职务	姓名
炼油生产一部	经理	范 庆
	副经理	周 鸿、王业坚、赵 睿
	员工	阳庸楷、王少春、史 建、张 斌、嵇境鹏、陈 峰、王占锋 赵秀臣、张 杰、王 磊、黄 洋、李源平、高凯生、洪伟鸿 赵洪伟、李 鑫、张焕柱、彭永良、班作丹、白纯力、刘国辉 王凤军、范汉权、梁贵成、罗宇森、郑梓江、武生祥、许东哲 荣云赫、杨荣亨、王熙元、郑嘉聪、郑 恒、张政华、苗殿元 林志华、后宏江、江佳鸿、陈德发、陈丝羽、张殿晨、姚宜辰 王兴隆、黄楷佳、王德广
炼油生产二部	经理	郭 利
	副经理	董 欣
	员工	张翼飞、张建祥、王靖亭、王治辉、陈述卫、周冬明、荐保志 刘 冰、徐 亮、黄炎彬、张兴成、梁忠林、于春军、李晓兵 田学伟、张强胜、李长全、潘春革、孙 勇、王伟博、陶思佳 侯宪鑫、关海涛、王金帅、唐 超、李建春、孙 阳、马灿灿 李 普、王向红、文 远、何 吉、许欣丰、汪 均、练雄辉 郭 达、孙雷雷、陈 飞、梁卫勇、于 森、黄智涛、杨 桁 吕树洲、冯晓霞、陈勇山、蔡远铭、杨 辉、崔瀚文、彭 文
炼油生产三部	经理	孙大勇
	副经理	王铁军、冯 勇
	员工	鞠国峰、高国锋、董庆国、刘丙会、程新民、韦见中、王岩峰 岳玉宝、程福礼、周世文、董 健、范佳男、贺宏宇、李思扬 康海南、夏 鹿、王福平、张纯勇、郝永旭、张 凯、赵 雅 乔 娜、郭树青、张学东、何福利、周新国、陈 升、王 峰 黄美福、李长海、杨伟杰、崔高峰、何雄辉、彭汉宏、郑炎炳 徐炜豪、李志平、杨 国、潘清心、王晓华、刘 俊、廖日才 刘利凯、于 旺、段 冲、胡 锐、陈运明、詹健锐、铁鲁越 吴志奎、廖海德、陈杰进、蔡梓欢、张雨芯、林燕香、焦浩东
炼油生产四部	副经理	文 革、吴东山
	员工	常 玮、朱 文、杨立新、彭 博、朱荣欣、成 功、杨文军 严晓红、宁晓威、赵炳建、刘俊生、崔纪利、余大巍、郭 蒙 谭锦善、孙国强、李俊臣、刘思成、李怡生、胡 玥、何东运 赖贺庆、陈天生、江胜章、陈志勇、王 鹏、沈博方、王咸鼎 姚全超、武 豪

续表

部门	职务	姓名
炼油生产五部	经理	边兴福
	副经理	吕继鹏、李　涛
	员工	李作涛、白东明、王立革、曹士伟、张华维、李晓峰、余嗣翰 陈晓宇、谢　俊、滕剑飞、吕成龙、王　强、张忠武、付华庆 单立昌、张　艳、胡锦彪、孙润仪、柯颖林、赵思远、阳　赳 林锦波、罗梓斌、乔　伟、马海豪、夏晓涛、杨振宁、杨昌奇 王华雨、许清鑫、张凯生、邹浩元、高龙涛、任翠格、方佳瑜 黄　润、庞志彦、杜旭鸿、刘睿琛
化工生产一部	经理	郑海涛
	副经理	李胜利、李慧涛
	经理助理	王宏全
	员工	王　纲、王忠诚、葛顺利、窦华中、王宏全、刘华云、徐海鹏 邹玉军、刘　真、李华兵、闫育锡、刘涛刚、李　积、郭英晶 张　强、苏庆华、张晓华、韩家义、刘晓平、王　新、李恩龙 宋浩然、王宇泽、叶汝栋、任　勇、邓文坤、成土荣、邓建迪 宫景鑫、陈金锋、李　欣、兰玉强、彭　磊、许泽伟、刘姝涵 邱　思、徐启航、雷振泉、程俊杰、林佩如、孙耀威、田世锋 王　玥
化工生产二部	副经理	王　超
	员工	代明坤、施朝辉、范战生、黄中辉、孙长昕、邸德利、王书鹏 林大平、赵立超、王　凯、冯　敏、李岩书、杨建勃、胡　刚 王少虎、张广春、林　野、李　松、曹　阳、段　岩、吕志能 蒋延明、李雄伟、张　佐、杨四军、何林析、王仁国、张绮雯 银义源、杨　珂、李剑林、郭粤西、何健文、车衍达、邱铮烁 杨　沂、李思佳、王云龙、冯凡祺、赵运杰、张芷一
POX运行部	经理	胡军印
	副经理	蔡振宇、汪　锋
	员工	栾洪彬、陈金丹、时　东、朱志祥、丁凤德、冯克武、马　严 李　重、许　伟、吕纯真、冯博文、李哲儒、付长兵、李　柠 李宇航、吴　博、方佳瑜、张立凯、邬忠波、鲍学品、萧吉廷 李兆鹏、夏　欢、康　明、叶　欣、周俊鹏、杜梓耀、江泽宏 王　轩、王铁成、谢膳亚、郑坚耀、钟　东、马天笑、魏　强 杜斌斌、蔡翰超、刘　洋、朱进铖、王一宇、吴　进、王华毅 刘成名、黄候健、陈　钰、陈观宇、郑力源、游志一郎 梁嘉伟、李皓笛、姜枫枫、潘冠予、张廷杰

续表

部门	职务	姓名
公用工程部	经理	顾宗军
	常务副经理	孙弘宇
	副经理	邹文波、王秀章、刘铁利
	经理助理	施荣卫
	员工	张　岩、韩　冬、王希光、陈　锦、宋大庆、邢建明、赖光明、吕健波、陈智刚、周云涛、王　强、赵　军、陈　兴、马　强、邱　勇、赵桂军、孙铁阳、陈宣琳、贾士娟、余永献、陶生利、任焱辉、张广宇、徐秀霞、韩晓东、柳　杨、孙延平、付　宇、杨荣春、付志刚、皇玉庆、谢文瀚、孔宪江、徐谊杰、周小林、陈　浩、崔智勇、赵国庆、王　凯、徐志松、杨睿豪、黄劲涛、郑子飞、陈奕涛、王坤孝、赵　延、朱杰涛、张碧环、詹炜煜、许蔚佳、熊毅桢、吴晋文、赵　强、吴金波、容一平、李　鑫、李　浩、侯国立、陈　哲、杨淑涵、冯　海、蔺永斌、王家勋、康涵磊、石绍天
储运生产部	经理	何秀云
	副经理	牟方庆
	员工	齐　霁、于卫星、沈立辉、赵振宇、林　巍、盛彬武、杨　明、李哲容、温丙泉、胡世威、刘博书、欧阳哲、杜佳明、陈培磊、梁　颖、衣　琳、崔志刚、刘喜哲、赵广江、史东玲、刘建洲、孙秀玉、崔东生、秦　庆、迟凤霞、李　媛、王　浩、李宗洋、崔星华、武庆民、宋　磊、孟凡生、付传峰、陈冠吉、刘岩峰、甘成龙、吴耀东、郭家良、高云玺、宋文军、王　曦、魏殿峰、陈保丞、杨雯瑞、王浩宇、蓝东东、孙　筱
码头运行部	经理	刘　舰
	副经理	佟广滢
	员工	刘　闯、汤大可、江　涛、铁宝峰、平　洪、林伟杰、韩　斌、鄢长胜、王侨鑫、郑志康、欧煜荣、林斯源、包芳全、侯红而
PMT12	经理	田立军
	员工	周殿礼
其他	经理	郑树和
	常务副经理	于　武
	员工	赵晓鹏、郭海峰、郑华蓉、张家田、孙得娟

五、员工名单（截至2020年12月）

部门	职务	姓名
公司领导	党委书记、总经理	康志军
	党委委员、副总经理	张维波
	党委委员、副总经理	李锡均
	党委委员、副总经理	刘希民
	党委委员、总会计师	王利中
	党委委员、纪委书记	胡张兴
	党委委员、副总经理	李景耀
	党委委员、副总经理	瞿宾业
	总经理助理	邵承宏
	副总工程师	花小兵
	副总工程师	王立新
	副总工程师	郑海涛
	总经理助理	王宏伟
综合管理部（党委办公室）	主任	梅　新
	副主任	杨　昕、廉志丹
	员工	董大滨、许尔义、郭永喜、梁　颖、孙郡泽
人力资源部（党委组织部）	主任	邹吉武
	副主任	刘京平、王绪忠
	员工	唐晓林、曾黎明、赵建双、刘靖伟、王大江、许　辉、任慧敏 张衷维
财务部	主任	潘德宁
	副主任	马增路
	员工	王志春、王宏科、尹振营、赵慧慧、叶赫然、杨　瑾、王阿楠 丁　威
企管法规部	主任	汤明华
	副主任	邱继丹、李海林
	员工	周振柱、谢俊榕、刘兴轩、陈嘉燕、肖建全

续表

部门	职务	姓名
纪委办公室（审计部）	主任	禹雷明
	巡察专员	李　明
	副主任	李大胜
	员工	高亚梅、王早阳、陈　震、孙瑞昀、姜　羡、肖乐盛
企业文化部（党委宣传部）	主任	曾宪会
	员工	张　勇、蔡旭成、张立周、贝宁旭、王羽欣
计划控制部	主任	张元礼
	副主任	马国通
	员工	陈　乾、丁克成、马　林、刘　强、陈帮智、关福伟、徐丹妮 崔东玉
商务部	主任	张志远
	副主任	孙志杰、袁立民、李庆鹏
	员工	叶　虎、宋广庆、张帅东、张志波、王丽华、朱常诚、赵雪松 陈　靓、范战生、夏建华、邱霜阳、王丽荣、王常明、马燕凤 杨　超、李晓旭、陈孝辉
工程管理部	主任	崔峥嵘
	常务副主任	许少民
	副主任	任志伟、薛　巍、王显来
	员工	徐　勇、王重国、牟义慧、段庆峰、屈　力、张智勇、李海燕 黄晓天、李根森、陈俏俏、张新宇、孙　梅、赵　晶、孙　锐 吴　柳
设计管理部	主任	杨丽芳
	副主任	王中文
	员工	周姜维、张明德、杨　军、黄学军、李志勇、胡廷芳、张文智 卫晓斌、陈　阳、王　静、马偲勋、林先雨、邵德健、吴盛衍 和树立
HSE中心	主任	王自顺
	副主任	屈德君、李淑清
	员工	陈新钢、周　庆、李军英、陈　雷、任星联、李占军、李　强 赵慧昌、郭长景、沈立彬、韦　韧

续表

部门	职务	姓名
质量中心	主任	吕晓阳
	员工	宫瑞虎、杨欣勃、赵　平、周晓琛
生产准备中心	主任	王义东
	副主任	谷学立、张　江、王　斌
	员工	马逢源、王　兵、鞠鸿鹏、丛　阳、李长华、王功祥、刘雪娟 岳远航、高广聿、陈季敏、黄谓军、冒士华、孙　力、黄友德 秦荣彬、仲　雷、王振宇、周　兴、李运涛、刘双松、王　磊 夏　鹿、张　萌、赵　琨、孙立峰、王海涛、张　英、辛　悦 熊　伟、邓淞原、吴　静、范昕霞、裴瑞霞、陈　静、蔡　捷 陈思言、李文波、温远锋、练志威、陈　成、刘翠连、徐佳明 张　婷、许宏发、林伟群、李腾辉、陈校鑫、梁家豪、陈家伟 孙艳艳、张晗冰、曾金嫚、廖建智、张铭礼、张达志、王　雨 吕炳强、漆学龙、程午季、王伟斌、樊欣尉、陈艳霞、王宝钰 李宏强、陈奕坤、高帆杰、黄俊建、段宇辰、赵　洋、来尤佳 黄中阳、王佳慧、任雪婷、陈万喜、巨园园、王　玲、洪　薇
设备管理中心	主任	潘延君
	副主任	方浴宇、宋晓昱、徐　丽
	员工	谢尊肃、秦　瑞、孙晓峰、付振江、李士伦、秦绪香、刘　禹 王　鑫、朱野胜、赵吉峰、罗炎贻、赵世先、陶　灵、张建军 陈光磊、崔紫微、孙绪刚、邢龙春、贾晓亮、邱　悦、孙传龙 倪玉超、刘延东、郭　蒙、韩德志、单永峰、刘文义、张学伟 王　斌、许春勇、李　淼、靳　华、周叶庆、王龙业、柴立国 辛　锐、聂志宇、杨玉国、贾　生、潘高峰、张思阳、齐　文 叶佳佳、王小龙、许小林、阎京文、高　斌、邱　煜、马天桥 姜光丰、高泽华、温学成、佟锡龙、于运武、谭明庆、姚　滨 秦广路、常鹏瑞、乔鹏利、张军岩、张　磊、王　昊
信息中心	主任	龚　辉
	副主任	陈运庆
	员工	吕　斌、任治洪、孙玉光、韩亚冬、胡　锐

续表

部门	职务	姓名
炼油生产一部	经理	范　庆
	副经理	周　鸿、王业坚、赵　睿
	员工	王　磊、崔正军、张　斌、阳庸楷、嵇境鹏、陈　峰、王少春 马　坚、王占锋、赵秀臣、史　建、张　杰、黄　洋、李源平 高凯生、洪伟鸿、张海涛、赵洪伟、李　鑫、荆　猛、孙建文 李宏涛、张焕柱、张思博、彭永良、王　铁、李海玉、张　艳 郭　军、阳　章、班作丹、赵虹江、杨田野、王为泽、项晓峰 刘　博、王立国、董圣伟、王贵阳、张　文、侯　召、刘　洋 李志刚、包忠强、韩　强、吕景超、王永志、薛　勇、张　威 白纯力、刘国辉、马连家、王凤军、闫金库、薛珊珊、范汉权 梁贵成、罗宇森、郑梓江、武生祥、许东哲、荣云赫、杨荣亨 王熙元、郑嘉聪、郑　恒、张政华、苗殿元、林志华、后宏江 江佳鸿、陈德发、陈丝羽、张殿晨、姚宜辰、王兴隆、黄楷佳 王德广、汤　丹、胡　欢、翁　政、李世君、龚书涵、陈　磊 刘志鹏、胡腾飞、唐梓洋、毛　昱、陈义洪、何臻东、王　荣 刘彦杰、李佐强、李　波、姚拴喜、张晓舟、范文栋、彭志广 柳宁宁、李飞翔、马欣滢、彭　念、李韩豪、刘　昕、杨　伟 叶德真、邵文慧、何威宏、李佩泽、康　澳、李柏晓、黄略高 梁洪江、刘　洋、蔡红群、陈俏林、刘旭彬、谢文立、韩永智
炼油生产二部	经理	郭　利
	副经理	孙弘宇、董　欣
	经理助理	张建祥
	员工	王靖亭、王治辉、张翼飞、陈述卫、周冬明、荐保志、李　超 刘　冰、徐　亮、赛　斌、李哲儒、黄炎彬、张兴成、梁忠林 郭志浩、高振龙、于春军、李晓兵、田学伟、张强胜、李长全 潘春革、孙　勇、王伟博、陶思佳、苗　军、侯宪鑫、王奎元 康双双、王　群、关海涛、王金帅、王　波、郭　伟、王　锐 贾创辉、吴春雷、徐跟东、多　多、姜铁强、金向阳、马立繁 赵志勇、沈立臣、唐　超、李建春、孙　阳、马灿灿、刘仁彬 李　普、王向红、唐建平、文　远、何　吉、许欣丰、汪　均 练雄辉、郭　达、王紫茏、翟浩云、任善斌、孙雷雷、陈　飞 梁卫勇、张万春、张林辉、于　淼、黄智涛、刘竞锴、杨　桁 吕树洲、冯晓霞、陈勇山、蔡远铭、杨　辉、崔瀚文、彭　文 苏花叶、张几灯、杨　旭、张浩宇、冯　利、李思美、高　磊 王吉选、陈璋夫、刘世杰、秦敬民、李　博、王世民、张长泽 张　旭、杨银宝、李思慧、罗礼鹏、张其龙、陆升平、季祖光 雷　旌、陈兆勋、黄敏仪、张鹏飞、王志强、杨　禹、尉双全 纪秋源、张威廉、王亚奎、陈　佳、陈锦彬、崔　彪、肖海峰 彭　章、刘凯春、陈秋玉、郭城城、杨兴闽、朴俊浩、谢欣鹏

续表

部门	职务	姓名
炼油生产三部	经理	孙大勇
	副经理	王铁军、张学佳
	员工	高仁鹏、朱赫礼、岳玉宝、程福礼、周世文、董庆国、刘丙会、鞠国峰、程新民、董　健、范佳男、李思扬、康海南、孙中新、杨远鹏、罗　毅、王福平、胡勇庆、张纯勇、郝永旭、王　波、张　凯、赵　雅、乔　娜、郭树青、张学东、周新国、王　峰、黄美福、孟祥江、冷　辉、袁　野、曹震生、孙　强、赵腾飞、尚　帅、秦　帅、刘　军、蔡斌迎、冯顺华、王启龙、韩宏志、王世超、熊　岩、徐庆海、张晓宇、杨伟杰、刘　凯、刘　通、刘子维、白云发、何雄辉、彭汉宏、郑炎炳、徐炜豪、李志平、潘清心、王晓华、刘　俊、段　冲、陈运明、詹健锐、铁鲁越、吴志奎、廖海德、陈杰进、蔡梓欢、张雨芯、林燕香、焦浩东、王明龙、朱文波、方红伟、彭龙滔、罗驰宇、郭展鹏、汪仁豪、王志伟、谯月明、姚筱春、王永强、黄昱渊、李文豪、张庆忠、冯　艾、魏瑛瑛、游　豪、刘佳祥、邓博文、李　军、邓金程、王琳通、彭志雄、贺　磊、张彬贤、王有元、林镇钦、张宝荣、彭建堤、夏春鹏、黎金涛、张鸿宇、黎　芊、吴乐乐、吕　楠、李金乘、洪　岩、刘颖昂、方晓锐、何　欢、邓育峰、蓝泽方、陈嘉欢
炼油生产四部	副经理	文　革、吴东山、冯　勇
	员工	粟维清、周利军、朱荣欣、朱　文、高国锋、韦见中、成　功、杨文军、严晓红、杨立新、王岩峰、彭　博、宋洪波、宁晓威、刘彦龙、李长江、赵炳建、刘俊生、崔纪利、余大巍、贺宏宇、于海怡、周　华、张念成、常　玮、王景辉、孟晓德、林　琳、谭锦善、龚清华、何福利、陈　升、盛德智、倪小刚、徐　庆、何忠明、余江苗、刘　毅、张世彦、杜亚军、史志刚、王者龙、付　权、张　龙、朱凤光、李长海、张生波、喻正权、尚德佩、陆　忠、薛　莹、李庆东、邵子振、隋建国、秦阿剑、邢军鹏、郑传彬、孙国强、郭宏远、李俊臣、李志贤、杨　国、闫　超、马小坤、张保禄、廖日才、刘利凯、于　旺、胡　锐、赵金越、李　峰、徐东方、刘思成、李怡生、胡　玥、何东运、赖贺庆、陈天生、江胜章、陈志勇、王　鹏、沈博方、王咸鼎、姚全超、武　豪、张应兵、孔美红、方　宇、邱楚锋、吴雪雯、朱俊鑫、夏赞旺、肖立辉、谢　波、段虹旭、程伟霞、彭勇杰、唐世轩、邹锋锋、文　博、马鹏程、郭　渤、王亚龙、黎　涛、王海东、潘　昊、孙先林、陈正刚、陈玉柱、孙灿杰、李瑶瑶、彭宸宇、李玉平、韩小聪、口银强、郭长乐、陈栋治、何元元、陈宏伟、王彦军、刘　麒、郑玉康、杨　虎、邹易杰、赵志雄、程小杰、彭　姣、文慧敏、杨　涛、蒋鸿运、张彩霞、张俊校、李国昊、于春洋、张德林、陈　翔、吴斌祥、蔡钦达、李见文、陈林帆、邹　芳、张贵荣

续表

部门	职务	姓名
炼油生产五部	经理	边兴福
	副经理	吕继鹏、李　涛、孙亚楠、管　锴
	员工	李作涛、白东明、王立革、曹士伟、张华维、滕剑飞、李晓峰 余嗣翰、陈晓宇、谢　俊、吕成龙、李胜昌、张忠武、付华庆 单立昌、王　琦、赵志宽、李　斌、赵　伟、王德峰、朱博武 张　宇、胡锦彪、王泽嘉、柴　林、孙润仪、柯颖林、赵思远 阳　赳、林锦波、乔　伟、马诲豪、夏晓涛、杨振宁、杨昌奇 王华雨、许清鑫、张凯生、邹浩元、李振伟、高龙涛、任翠格 黄　润、吴　特、庞志彦、杜旭鸿、刘睿琛、李科全、李　柯 朱江鹏、彭　杰、邹　铁、朱亚洁尼、方泰能、黄军卫、 顾浩暄、杨　禅、张　旭、张　涛、程雄伟、蒙莹莹、陈同飞 张梅梅、姚湘鹏、刘　磊、田　敏、郭晋宙、李　雪、徐文吉 刘金飞、刘彩东、李永斌、李阳政、万碧艳、陈文博、郭海霞 庄佳璇、晏　康、唐燕滔、宋金雨、张锦灿、董　婷、赵思泽
化工生产一部	副经理	曾飞鹏、李胜利、李慧涛、任　刚
	经理助理	王宏全
	员工	窦华中、葛顺利、邹玉军、刘华云、王忠诚、王　纲、索晓炯 闫育锡、刘涛刚、徐海鹏、李华兵、潘彦军、张　鹏、赵书金 王宗海、王焕坤、郭兴斌、陈　豹、刘　真、李　积、周家成 王昕哲、王军先、王　威、郭英晶、段亚刚、于　洋、张　强 张洪雷、苏庆华、张晓华、郑殿林、倪明涛、康艳明、韩家义 刘洪伟、刘晓平、王　达、刘思远、庞　佳、林发胜、孟祥禄 徐治国、李元明、陈虹宇、王羚亦、李雪军、巩彦刚、田科文 杨中涛、周高峰、刘明军、陈　弟、王相博、苗伟强、孙爱明 陆　遥、王　旭、卫　超、田　众、杨晓东、高　乐、刘玉润 舒　岳、郭　亮、王　新、何金龙、赵伟鑫、何睿智、别　鑫 罗梓斌、谢善党、李恩龙、宋浩然、王宇泽、叶汝栋、任　勇 邓文坤、成土荣、邓建迪、宫景鑫、陈金锋、李　欣、兰玉强 彭　磊、许泽伟、刘姝涵、邱　思、徐启航、雷振泉、程俊杰 林佩如、孙耀威、田世锋、王　玥、李军强、刘挪威、林佳苇 熊智轩、阳　敏、向　东、姚钟棋、朱瑞杰、王家琪、王　朔 叶　港、张礼启、朱洋强、李　恒、万　进、汪　琪、何伟丽 李　杨、张　总、林　炯、马晓辉、刘延博、甘宏良、李志荣 张天泽、王胤君、王鑫源、王瑞杰、杨匡宇、武　扬、张凯峰 王孟起、陈　杰、田　桐、刘乘风、孟东祥、杨继承、罗祖光 薛　翔、祁华文、韩迪锋、陈　旺、王飞鹏、张瑞瑞、张彤彤 暨尔强、罗屹佑、徐朝明、杨　康、杨小金、陈飞达、刘　卓 巩瑞强、王君旭、倪　超、胡东方、张凇瑞、刘　熹、李　涛 牛永永、林晓锋、田荣杰、黄鸿艺、魏建锦、李炳毅、张　恒 徐　姮、刘芷昂、刘　加、郭啸天

续表

部门	职务	姓名
化工生产二部	经理	闫成玉
	常务副经理	连传敏
	副经理	王　超、于现建
	经理助理	卫小科
	员工	林大平、施朝辉、王　凯、代明坤、孙长昕、邸德利、黄中辉、王书鹏、王伟强、赵立超、冯　敏、李岩书、杨建勃、胡　刚、王少虎、修利民、杨　琦、吴显西、张广春、林　野、李　松、牟　桐、钱玉鑫、曹　阳、秦万平、佟大辉、侯　雷、张义志、赵　山、芦洪军、韩小杰、吕军伟、李成福、吴　东、杨坤鹏、王　强、段　岩、伊德龙、吕志能、高　朝、周　林、蒋延明、廖　仪、张　浩、李雄伟、王　穹、张　佐、杨四军、何林析、郭宫杉、王仁国、张绮雯、银义源、杨　珂、李剑林、郭粤西、何健文、车衍达、邱铮烁、李思佳、王云龙、冯凡祺、赵运杰、张芷一、罗尉辰、李永扬、刘南海、张佩瑶、李　奕、田欣瑞、刘晓丽、蔺新奎、彭　松、洪　亮、张国富、方　晶、周　锋、林淼奇、张之博、陈　楠、苏　倩、石瑞玲、张鹏鹏、陈文琦、徐海红、何腾飞、王鎏留、张翊恺、郝树杉、黄群雄、姜宜松、孙玉辉、刘锡钊、尹建富、王麒超、颉　淘、唐尚志、张世林、苟朋飞、李紫鸿、彭凤峰、任洋洋、卜进金、王一格、燕阳天、夏炜皓、何　鑫、路德龙、景　欣、贺小录、李嘉豪、冯林森、吕思语、束　敏、郑鑫洋、刘金铭、张定斌、史国鸿、舒夏禹、张佰成、陈　城
POX运行部	经理	胡军印
	副经理	蔡振宇、汪　锋
	员工	时　东、陈文超、赵红涛、朱志祥、栾洪彬、丁凤德、冯克武、马　严、李　重、陈金丹、许　伟、吕纯真、冯博文、付长兵、李　凡、卞中奎、关维鹏、杨　路、方佳瑜、李海泉、吴志斌、刘　涛、梁　健、刘　峰、李新海、王　涛、刘荣辉、李云腾、张立凯、邬忠波、鲍学品、萧吉廷、董克宝、李兆鹏、张恩泰、夏　欢、康　明、王鹏阳、邸海龙、李　柠、叶　欣、吴　博、周俊鹏、李宇航、杜梓耀、江泽宏、王　轩、王铁成、谢膳亚、郑坚耀、钟　东、马天笑、魏　强、杜斌斌、蔡翰超、刘　洋、朱进铖、王一宇、吴　进、王华毅、刘成名、黄候健、陈　钰、陈观宇、郑力源、游志一郎、梁嘉伟、李皓笛、姜枫枫、潘冠予、张廷杰、李安乐、梁国庆、于贵飞、郑晶维、卢　平、赵廷威、喻　旦、周　映、马清水、王翰涛、周佳文、孙锷非、宋　潇、袁　金、祝彦彪、刘　硕、任小兵、李　辉、刘小麟、王军芳、罗　奕、李　迎、徐　赛、冯晨亮、曹　洋、杨军安、潘雅婷、徐琦琦、徐振飞、毕明影、龙　隆、宋香诣、王小龙、李　凯、潘秦龙、陈伟伟、昔嘉涛、黄晓英、苏江学、张伟杰、王　辉、黄紫清、董富富、刘　澳、薛　俊、杨连胜、周　铮、张富民、曹晓辉、王星红、雷如辉、刘洋明、沈涤茵、洪明倪、李英达、路惠惠、巫贤珍、林永铭、杨依欣、杨万竑、段　赫、宋佳兴、李俊怡、杨　旭、孙国宏、李　佳、张　明、王　卫、牟克晋、王　波、郭志超、高贵芬

续表

部门	职务	姓名
公用工程部	经理	顾宗军
	常务副经理	孙弘宇
	副经理	邹文波、王秀章、刘铁利
	经理助理	施荣卫
	员工	王希光、宋大庆、张 岩、韩 冬、陈 锦、陈智刚、周云涛 陈宣琳、邢建明、赖光明、程少鹏、王 强、邱 勇、张利明 朱 翠、赵 军、吕健波、茆忠如、邱玉见、陈 兴、马 强 邓光兵、段忠宝、赵桂军、奚闻隆、王 健、窦景辉、许彦平 孙铁阳、黄 宇、王 鹏、张建国、钱永胜、贾士娟、程 军 余永献、陶生利、任焱辉、张广宇、徐秀霞、韩晓东、柳 杨 孙延平、李 睿、邓建新、付 宇、王立军、杨荣春、付志刚 付士刚、曹 巍、皇玉庆、马福才、李 波、刘 鹏、于 龙 孙树云、谢文瀚、康健翮、卢玉贵、王 刚、陈 钒、张亚民 岳宏权、刘 巍、陈 杰、李新民、周朝勇、杨文新、高泽新 张 军、黄海建、张 强、董 俊、孔宪江、徐谊杰、刘艳青 王玉跃、杨治国、高 蕾、于成林、李成举、隋 鑫、李英玺 范宏琴、王力力、李 鹏、董孟昌、李 志、李海洋、陈 洪 胡周俊、周小林、刘 峰、马新勇、柏久利、徐海飞、段晓强 董 强、陈 浩、张克山、郦 军、沈 俊、戴 卉、隋建平 臧 峰、陈 浩、崔智勇、芦文光、高 明、赵国庆、康俊华 丁飘辉、王 凯、申登科、任建宇、何佳奇、刘 慧、徐玉强 徐志松、张 阔、郤文皓、杨睿豪、黄劲涛、郑子飞、陈奕涛 王坤孝、冯 帅、田谷丰、李玮琦、曾庆洋、赵 延、朱杰涛 张碧环、詹炜煜、许蔚佳、熊毅桢、吴晋文、赵 强、吴金波 容一平、李 鑫、李 浩、侯国立、陈 哲、杨淑涵、冯 淘 蔺永斌、王家勋、康涵磊、石绍天、李冠铮、温 智、刘琛翀 许 鑫、时高春、苗金斌、杨震源、张正富、张 雷、宋国勇 董鹏举、王建斌、党振珅、尹小倩、汪景超、朱宗伟、王文斌 高智涵、黄 磊、王健强、张 庆、张 战、林 妃、尹金鑫 顾斯彤、第海昭、李锋博、孙东晨、张炬善、魏雪岩、仇罗军 李江山、邹仁彬、谌 佩、贾 科、魏统国、王子悦、陈飘飘 何源泰、沈春明、董登洲、田 栋、晏海辉、王莉萍、杜 超 刘延龙、甘 雨、贾登贵、马宝玉、连旺旺、马德辉、白 婷 丁文子、刘 鹏、甘宁宁、鲁振东、解智博、高登晨、代宝鑫 李增辉、白 鸽、董静文、黄一峰、林 越、汪芷同、叶 扇 赵嘉莹、杨镜玉、雷玉鹏

续表

部门	职务	姓名
储运生产部	经理	何秀云
	副经理	牟方庆、林 巍、沈立辉、吴少伟
	员工	张发旺、齐 霁、盛彬武、杨 明、李哲容、温丙泉、胡世威、刘博书、欧阳哲、杜佳明、陈培磊、赵振宇、崔志刚、刘喜哲、赵广江、史东玲、王怀志、刘建洲、孙秀玉、冯春华、刘玉成、崔东生、秦 庆、李 媛、刘态和、王 浩、王 强、崔星华、武庆民、宋 磊、刘辉利、尉 亮、刘 杰、付传峰、张周军、王慧强、张树林、马春林、郭英辉、李 明、薛 磊、姜晓磊、周晓川、于永强、刘长丰、孙 强、陈冠吉、甘成龙、衣 琳、吴耀东、冯引引、郭家良、高云玺、宋文军、王 曦、余 俊、魏殿峰、陈保丞、杨雯瑞、王浩宇、蓝东东、魏占福、谈 强、葛凌云、邵亚春、尚红全、李裕欣、张景峰、王刚刚、夏 强、行明浩、刘佳乐、肖经枝、赵海鹏、姜金龙、李昊徐、杨国辉、陈禧悦、杨 倩、蒋伟宏、马东林
码头运行部	经理	刘 舰
	副经理	佟广滢、江 涛、于卫星
	员工	铁宝峰、刘 闯、文天明、汤大可、平 洪、徐洪达、林伟杰、李自平、刘佳刚、高 杨、杨 坤、柳 伟、孟凡生、叶 浩、王 雨、关 新、崔广利、崔汉哲、韩 斌、李依昊、安立泳、刘岩峰、杨晰潼、鄢长胜、王侨鑫、郑志康、欧煜荣、林斯源、包芳全、侯红而、吴传林、井启才、姚志金、荣 东、谢育杰、高万洲、周子皓、倪树佳
PMT12	经理	田立军
	员工	周殿礼
其他	经理	郑树和
	常务副经理	于 武
	副经理	郭海峰
	员工	赵晓鹏、王 震、张家田、郑华蓉、孙得娟

第六章　组织人事大事纪要

二〇一六年

1月6日　中国昆仑工程公司党委书记沈钢到项目现场调研，公司副总经理于江林，总经理助理、项目总监邵承宏及相关部门负责人陪同调研。

1月12日　公司党委印发（广石化党〔2016〕3号）文件，印发《纪委书记全过程监督中层管理人员选拔任用工作实施办法（试行）》。

2月26日　集团公司副总经理、党组成员、股份公司总裁汪东进到广东石油石化企业调研，听取广东石化等6家单位工作汇报，并对项目建设提出了要求。汪东进代表中国石油与广东省政府签署了以广东石化项目为主要内容的“十三五”战略合作协议。

3月2日　中交第四航务勘察设计院有限公司总经理李伟仪到公司拜访，公司领导魏强、邵承宏及相关部门接待，双方进行了亲切友好的交谈。

3月25日　赴中国石油驻粤企业调研的集团公司党组书记、董事长主持召开驻粤企业座谈会，听取广东销售、广东石化、华南化工销售、广州石油培训中心工作汇报，代表党组和集团公司向驻粤企业的广大干部员工表示亲切慰问，对各企业采取有力措施积极应对困难和挑战、深入贯彻落实2016年集团公司工作会议精神、努力开展开源节流降本增效等工作所取得的成绩和进步，给予充分肯定。

4月1日　产品码头西拦砂堤工程顺利完工。

4月22日　中国工程院制造业研究室主任屈贤明带队中国工程院“揭阳制造2025”项目组到项目现场调研，揭阳市委书记、市人大常委会主任严植婵陪同调研，公司副总经理于江林、总经理助理邵承宏及相关部门领导现场接待。

4 月 25 日　公司印发（广东石化〔2016〕3 号）文件，向国家有关部门报告中委广东石化合资谈判情况。

5 月 4 日　公司印发《关于王岩峰等 230 人晋升确定专业技术职务任职资格的通知》。【广石化人〔2016〕1 号】

5 月 4 日　公司印发《关于孙铁阳等 26 人初定专业技术职务任职资格的通知》。【广石化人〔2016〕 2 号】

8 月 18 日　公司印发《关于广东石化项目总体建设方案优化调整研究成果的请示》（广东石化〔2016〕12 号），就项目方案优化调整情况向总部予以请示。

9 月 29 日　广东石化公司党委决定：成立广西实习管理部党支部。【广石化党〔2016〕12 号】

10 月 28 日　经研究并商得中共广东省委同意，集团公司党组决定：魏强同志任广东石化分公司党委书记，免去姜文同志的广东石化分公司党委书记、委员、纪委书记、工会主席职务，另有任用。【石油任〔2016〕307 号】

10 月 28 日　经研究并商得中共广东省委同意，股份公司决定：免去姜文的广东石化分公司副总经理职务。【石油任〔2016〕307 号】

10 月 29 日—11 月 1 日　受炼油化工分公司委托，中国石油集团公司咨询中心组织专家及相关单位在广东石化分公司现场召开了关于《广东石化 2000 万吨 / 年重油加工工程项目总体建设方案优化调整研究报告》现场调研会。

11 月 2 日　公司党委印发（广石化党〔2016〕14 号）文件，印发《广东石化分公司领导干部选拔任用管理办法》。

11 月 7 日　集团公司党组副书记、总经理主持召开专题会议，听取广东石化分公司工作汇报，并对下步工作做出安排部署。

11 月 24 日　捷克共和国企业家代表团到项目现场参观。公司副总经理、新闻发言人刘希民及相关部门人员接待。

11 月 30 日　公司印发（广石化〔2016〕10 号）文件，调整公司副总师以上领导成员分工。

二〇一七年

1 月 10 日—11 日　中委双方在北京举行第十八次合资谈判会议，就运费、债务融资比例、硫化氢含量等关键问题达成一致意见，实现了合资合同等全部合资文件的小签。中方参会人员：集团公司资本运营部总经理贾忆民，副总经理周远鸿，广东石化分公司总经理、党委书记魏强，财务总监督于文魁，集团相关部门人员；委方参会人员：PDVSA 新炼厂执行董事卡布里、炼厂项目协调人吉米、工程师何塞、律师布鲁诺等。

1 月 13 日　委方广东石化项目协调人 JIMMY DELGADO 及财务工程师 JOSE SILVA 赴项目现场参观交流，公司副总经理于江林接待。双方就合资公司成立的时间节点及前期准备工作进行了讨论。

1 月 13 日　公司党委印发（广石化党〔2017〕1 号）文件，对机关第一党支部等 9 个党支部换届选举结果进行批复。

3 月 14 日　集团公司董事长办公会正式批准与委方签署合资合同。

3 月 20 日　揭阳市委书记严植婵、中国交通建设股份有限公司华南区域总经理刘成云到项目现场调研。

4 月 13 日　镇海设计院总经理范其海到项目现场调研。魏强总经理代表公司对客人的到访表示了热烈欢迎，就广东石化项目进展情况及规划进行了介绍；双方就加工方案、合规共建等方面交换了意见，达成了共识。

4 月 27 日　广东石化分公司生产运行六部在 2017 年广东省庆祝“五一”国际劳动节暨劳模表彰大会上，被授予“广东省五一劳动奖状”殊荣。

5月3日　中国石油工程建设有限公司执行董事、总经理刘海军到项目现场调研。

6月7日　中国石油天然气股份有限公司和委内瑞拉国家石油公司关于中委合资广东石化有限责任公司合资合同正式在北京签署。在集团公司副总经理、股份公司总裁，中委高级委员会委方主席、委内瑞拉部长会议副主席里卡多·梅内德斯、委内瑞拉驻华大使伊万·塞尔帕等双方代表见证下，广东石化分公司总经理魏强、中联油公司总裁赵勇、委内瑞拉部长会议副主席里卡多·梅内德斯、委内瑞拉国家石油公司财务副总裁西蒙·塞尔帕代表双方签署了合资合同、公司章程、原油供应协议。中委合资广东石化有限责任公司合资谈判自2010年10月开始历经8年时间，谈判双方经过18轮合资谈判会议，最终签订合资合同，标志着中委双方成立合资公司具备条件，标志着项目建设进入新的历史阶段。

7月5日—6日　集团公司咨询中心副主任带领专家组7人，到广东石化分公司调研项目工作进展情况。

8月26日　巴西国家石油公司代表团到项目现场参观调研。

9月4日　广东省发改委副主任吴道闻到项目现场调研，贯彻落实广东省委省政府关于粤东西北振兴发展的战略部署，加快推进揭阳副中心规划建设。

9月13日—14日　广东石化炼化一体化项目可行性研究评估会在北京塔里木石油酒店召开。会议邀请中国国际工程咨询公司、中国石油集团公司和国内炼化行业40位专家，充分听取了报告编制单位中国寰球工程有限公司和建设单位广东石化分公司的汇报，并就本次可行性研究的项目范围、设计基础、市场分析、专业方案、投资估算等进行了评审，分别形成工艺组、工程组、码头组和经济组的专家评估意见。

11月15日　炼化一体化调整版可研在集团公司董事长办公会上获得审

议通过。

11 月 15 日　项目雨水收集池工程开工仪式在 EPC 总承包商昆仑公司现场办公区隆重举行。

12 月 8 日　炼化一体化报批版可研获集团公司第二届董事会第十八次会议审议通过。

12 月 15 日　经研究并商得中共广东省委同意，集团公司党组决定：胡张兴同志任广东石化分公司党委委员、纪委书记。【中油党组〔2017〕286 号】

12 月 18 日　广东石化公司党委决定：成立广西实习管理部党支部；撤销四川实习管理部党总支和广西实习管理部党支部。【广石化党〔2017〕15 号】

二〇一八年

1 月 8 日—9 日　集团公司副总经理到广东石化分公司调研，并在现场组织召开了广东石化 2000 万吨 / 年炼化一体化项目建设推进会。会上，集团公司副总经理组织广东石化、总承包商、监理等单位领导和技术人员充分讨论了项目核准、环评、设计、采购、施工、总体进度等项工作计划，对准确把握项目定位、持续优化建设方案、早日实现现场复工等做出重要指示。

1 月 10 日　广东石化分公司党委研究决定：顾宗军同志任生产运行四部党支部书记（副处级）；免去孙涛同志的生产运行四部党支部书记职务。【广石化党〔2018〕1 号】

1 月 10 日　广东石化分公司研究决定：顾宗军任生产运行四部（PMT4）经理（副处级）；免去孙涛的生产运行四部（PMT4）经理职务；免去顾宗军的生产准备中心副主任职务。【广石化人〔2018〕1 号】

1 月 12 日　国资委监事会主席来到项目现场调研，主席强调，广东石化一定要落实好中国石油集团公司的部署，做好分析论证，按照总体进度计划实现建成投产、工程创优，促进中国石油炼化业务转型升级。

1 月 16 日　公司印发《关于调整公司副总师以上领导成员分工的通

知》。【广石化〔2018〕2号】

1月17日—18日　项目一级总体院寰球有限公司组织召开了总体设计开工会，明确寰球北京分院和寰球华东院分别担任化工和炼油二级总体院，系统外装置院按原有设计分工承担设计，并对设计单元主项进行划分及分工。

1月17日—18日　公司在北京中国寰球工程有限公司报告厅组织召开广东石化炼化一体化项目可研深化专题会，继可研报告通过集团公司决策后首次全方位部署各项工作，标志着项目建设走上快速推进的轨道。

1月23日　公司印发（广石化党〔2018〕3号）文，下发《中共广东石化公司党委关于进一步贯彻落实中央八项规定精神实施细则》文件。

1月31日　闭幕的广东省十三届人大一次会议上，生产准备中心主任王义东被选举成为广东省第十三届全国人民代表大会代表。

2月9日　公司印发（广石化党〔2018〕5号）文，下发《关于加强和改进优秀年轻干部培养选拔工作的实施意见》文件。

3月9日　广东省政府与中国石油联合发文《关于商请支持调整广东石化项目建设内容并转为规划项目的函》（粤府函〔2018〕58号）上报国家发改委。

4月10日　广东省委常委、常务副省长林少春到项目现场调研。

4月12日　公司印发《关于调整公司密码工作领导小组成员的通知》【广石化〔2018〕8号】

4月12日　公司印发《关于调整公司保密工作委员会成员的通知》。【广石化〔2018〕9号】

4月12日　公司印发《关于成立广东石化公司破解“邻避”效应工作领导小组的通知》。【广石化〔2018〕10号】

4月12日　公司印发《关于调整维护稳定工作领导小组的通知》。【广石化党〔2018〕8号】

4月18日　集团公司党组副书记、总经理到广东石化分公司调研，详细了解广东石化炼化一体化项目进展情况，看望慰问项目建设者。领导对项目建设取得的进展给予了充分肯定，再次强调了广东石化炼化一体化项目在集团公司炼化业务转型升级整体战略中的定位，鼓励广大项目建设者统一思想、坚定信心，并对下步重点工作进行了部署。

4月26日　根据“4·18”现场调研会有关要求，中石油印发《关于成立中国石油天然气集团有限公司广东石化炼化一体化项目工程领导小组的通知》。【中油办〔2018〕203号文】

4月27日　公司印发《关于调整公司部分党支部设置的通知》。【广石化党〔2018〕11号】

4月27日　广东石化分公司党委研究决定：隋洪君同志任综合计划党支部书记；李明同志任综合计划党支部副书记；王宏伟同志任人事财务党支部书记；潘德宁同志任人事处财务党支部副书记；禹雷明同志任纪检党群党支部书记；于文忠同志任纪检党群党支部副书记；于武同志任商务部党支部书记；邱继丹同志任HSE中心党支部书记；王义东同志任生产准备中心党支部书记；张志远同志任设备管理中心党支部书记；吕晓阳同志任设计质量信息党支部书记；龚辉同志任设计质量信息党支部副书记；汤明华同志任企管空分PMT11党支部书记；方浴宇同志任企管空分PMT11党支部副书记；许少民同志任工程PMT9党支部书记；田立军同志任工程PMT9党支部副书记。鉴于机关第一党支部、机关第二党支部、工程管理部党支部已撤销，相应同志党内职务自行解除。【广石化党〔2018〕12号】

4月27日　公司印发《关于成立中共中国石油广东石化公司党委巡察工作领导小组的通知》。【广石化党〔2018〕13号】

4月27日　公司印发《关于成立中共中国石油广东石化分公司党委党风廉政建设和反腐败工作领导小组的通知》。【广石化党〔2018〕14号】

4月28日　广东省庆祝“五一”国际劳动节暨劳模表彰大会在广州举行。广东石化分公司生产运行六部荣誉全国“工人先锋号”集体殊荣，生产运行六部经理何秀云代表集体参加会议并领奖。

5月11日　炼油与化工分公司副总经理黄延到项目现场调研。

5月17日　公司印发《关于成立广东石化炼化一体化项目“五化”领

导小组的通知》。【广石化〔2018〕13号】

5月17日　公司印发《关于成立党建信息化平台推广应用工作领导小组的通知》。【广石化党〔2018〕15号】

5月28日　广东省发展改革委副主任到广东石化分公司调研，指示政府各有关部门按照合规高效的原则，优化审批流程，尽快办理广东石化分公司提出的亟待解决的相关问题。

6月19日　公司印发《关于调整长输管线租地工作领导小组的通知》。【广石化〔2018〕15号】

6月20日　广东石化分公司研究决定：孙弘宇任生产运行二部（PMT2）副经理（副处级）；冯勇任生产运行三部（PMT3）副经理（副科级）；佟广滢任生产运行六部（PMT6）副经理（副处级）；蔡振宁任生产运行七部（PMT7）副经理（正科级）。【广石化〔2018〕16号】

6月20日　广东石化分公司研究决定：曾宪会任企业文化部副主任，主持工作；免去于文忠的企业文化部主任职务；免去曾宪会的人力资源部副主任职务。【广石化〔2018〕17号】

6月20日　股份公司副总裁到广东石化调研。领导对于项目建设取得的成绩给予充分的肯定，他指出，广东石化是中石油新时代的标志性项目，是改革开放的最前沿——广东省的地标性工程，广东石化要继续发扬大庆精神、铁人精神及以“苦干实干”“三老四严”为核心的石油精神，吸引更多的高素质人才参与到工程建设中来，早日将项目建成投产。在孙龙德的见证下，广东石化分公司与大庆石油管理局签署了战略合作框架协议。

6月26日　公司印发《关于综合计划党支部等10个党支部委员补选结果的批复》。【广石化党〔2018〕29号】

6月29日　广东石化分公司党委研究决定：曾宪会同志任党群工作部副主任、纪检党群党支部副书记；免去于文忠同志的工会副主席、党群工作部主任、纪检党群党支部副书记职务；免去曾宪会同志的党委组织部副部长职务。【广石化党〔2018〕31号】

6月29日　广东石化分公司研究决定：曾宪会任企业文化部副主任，主持工作；免去于文忠的企业文化部主任职务；免去曾宪会的人力资源部副

主任职务。【广石化〔2018〕17号】

6月29日　公司印发《关于明确公司领导班子成员党建“三联”责任示范联系点的通知》。【广石化党〔2018〕32号】

6月29日　公司印发《关于成立中共中国石油广东石化分公司党委巡察工作领导小组办公室的通知》。【广石化党〔2018〕33号】

7月17日　经研究并商得中共广东省委同意，集团公司党组决定：李景耀同志任广东石化分公司党委委员。【中油党组〔2018〕112号】

7月17日　经研究并商得中共广东省委同意，股份公司决定：李景耀任广东石化分公司副总经理。【石油任〔2018〕187号】

7月26日　广东石化分公司党委决定：成立实习管理部党支部，撤销广西实习管理部党支部。【广石化党〔2018〕36号】

9月6日　广东石化分公司研究决定，对公司组织机构进行调整完善。根据新增化工装置规模、数量，综合考虑工艺流程上下游关系、总平面布置等实际，增设炼油生产四部，化工生产一部、化工生产二部共3个生产运行部门。炼油生产四部：下辖260万吨/年芳烃联合装置以及相关辅助配套装置；化工生产一部：下辖120万吨/年乙烯裂解装置、45万吨/年裂解汽油加氢（含苯乙烯抽提）装置、10万吨/年丁二烯装置、5/2万吨/年MTBE/丁烯-1装置、80万吨/年苯乙烯装置以及相关辅助配套装置；化工生产二部：下辖40万吨/年高密度聚乙烯装置、60万吨/年全密度聚乙烯装置、60万吨/年聚丙烯装置以及相关辅助配套装置。

鉴于生产运行六部管理所辖区域分散、专业涵盖多、管理难度大的实际，根据所辖装置设施地理区域，按照厂内外进行分设，其中厂内储运设施分设后名称变更为储运生产部，厂外码头、中转库及配套设施分设为码头运行部。储运生产部：负责管理厂区内相关储运设施，主要包括厂内原油罐组、轻油中间罐组、重油中间罐组、航煤罐组、球罐组、汽油组分罐及调和设施、汽油成品罐组、柴油组分罐、柴油成品罐组、新增的化工产品罐组，以及导热油站等及配套设施；以及全厂热力管网、火炬、燃料气回收、汽车装卸车、火车装卸车、罐车洗涤设施、化学药剂设施等及配套设施；码头运行部：负责管理码头、原油码头中转库、长输管线及相关配套设施，主要包括原油码头、成品油码头、杂货码头、长输管线、中转库以及相关配套设施。鉴于公司空分装置不再采取合资方式进行建设，因此，撤销空分合资工作组，原相关业务划入公用工程统一管理。

鉴于公司加工方案已调整为炼化一体化项目，按照炼油、化工、公用工程对机构名称进行相应变更：生产运行一部、生产运行二部、生产运行三部机构名称更名为炼油生产一部、炼油生产二部、炼油生产三部，生产运行四部更名为炼油生产五部，生产运行五部更名为公用工程部，原生产运行七部更名为 POX 运行部，项目管理组（PMT）名称进行相应调整、PMT9 与 PMT10 合并更名为 PMT12，具体运行部及 PMT 管辖范围详见附件。

此次调整后，公司共有组织机构 28 个，其中机关部门 10 个：综合管理部（党委办公室）、人力资源部（党委组织部）、审计监察部（纪委办公室）、企业文化部（党群工作部）、财务部、企管法规部、计划控制部、商务部、工程管理部、设计管理部；直属单位 5 个：生产准备中心、设备管理中心、HSE 中心、质量中心、信息中心；二级单位 12 个：炼油生产一部、炼油生产二部、炼油生产三部、炼油生产四部、炼油生产五部，化工生产一部、化工生产二部、POX 运行部、公用工程部、储运生产部、码头运行部，PMT12。【广石化〔2018〕23 号】

9 月 17 日　广东石化分公司党委研究决定，对公司部分党支部进行更名和调整。根据机构名称的变更，对以下党支部名称进行更名：生产运行一部党支部更名为炼油生产一部党支部；生产运行二部党支部更名为炼油生产二部党支部；生产运行三部党支部更名为炼油生产三部党支部；生产运行四部党支部更名为炼油生产五部党支部；生产运行五部党支部更名为公用工程部党支部；生产运行六部党支部更名为储运码头党支部，组成部门为储运生产部和码头运行部；生产运行七部党支部更名为 POX 运行部党支部；工程 PMT9 党支部更名为工程 PMT12 党支部。

对增设的 3 个部门，根据党建工作的实际需要进行调整组建，调整后新成立 1 个党支部，具体党支部名称及组成部门如下：成立芳烃化工党支部，组成部门为炼油生产四部、化工生产一部和化工生产二部。【广石化党〔2018〕42 号】

9月17日　广东石化分公司党委研究决定：范庆同志任炼油生产一部党支部书记；郭利同志任炼油生产二部党支部书记；孙大勇同志任炼油生产三部党支部书记；顾宗军同志任炼油生产五部党支部书记；文革同志任芳烃化工党支部书记；边兴福同志任POX运行部党支部书记；方浴宇同志任公用工程部党支部书记；谷学立同志任公用工程部党支部副书记；何秀云同志任储运码头党支部书记；刘舰同志任储运码头党支部副书记；许少民同志任工程PMT12党支部书记；田立军同志任工程PMT12党支部副书记。因党支部调整、撤销的，相关同志的原党内职务自行解除。【广石化党〔2018〕43号】

9月17日　广东石化分公司研究决定：范庆任炼油生产一部（PMT1）经理；周鸿任炼油生产一部（PMT1）副经理；郭利任炼油生产二部（PMT2）经理（副处级）；孙弘宇任炼油生产二部（PMT2）副经理；孙大勇任炼油生产三部（PMT3）经理；王铁军任炼油生产三部（PMT3）经理助理（正科级）；冯勇任炼油生产三部（PMT3）副经理（副科级）；文革任炼油生产四部（PMT4）负责人（副科级）；顾宗军任炼油生产五部（PMT5）经理（副处级）；吕继鹏任炼油生产五部（PMT5）副经理；边兴福任POX运行部（PMT8）经理；蔡振宇任POX运行部（PMT8）副经理（正科级）；谷学立任公用工程部（PMT9）经理；方浴宇任公用工程部（PMT9）副经理（正处级）；王秀章任公用工程部（PMT9）副经理；刘铁利任公用工程部（PMT9）副经理；邹文波任公用工程部（PMT9）副经理（正科级）；何秀云任储运生产部（PMT10）经理；刘舰任码头运行部（PMT11）副经理（副处级），主持工作；佟广滢任码头运行部（PMT11）副经理；田立军任PMT12经理助理（正科级），主持工作；张江任生产准备中心质检化验负责人（副处级）。免去：刘舰的工程管理部副主任职务；郑树和的工程管理部副主任职务；张江的设备管理中心副主任职务。因机构调整、撤销的，相关人员原行政职务自行解除。【广石化〔2018〕25号】

10月12日　经研究并商得中共广东省委同意，集团公司党组决定：陈俊豪同志任广东石化分公司党委委员、书记；免去魏强同志的广东石化分公司党委书记、委员职务。【中油党组〔2018〕154号】

10 月 12 日　经研究并商得中共广东省委同意，股份公司决定：陈俊豪任广东石化分公司总经理；免去魏强的广东石化分公司总经理职务。【石油任〔2018〕252 号】

10 月 15 日　广东石化分公司党委研究决定：廉志丹同志任党委办公室副主任（副处级）。【广石化党〔2018〕45 号】

10 月 15 日　广东石化分公司党委研究决定：贝宁旭同志任团委副书记（副科级）。【广石化党〔2018〕46 号】

10 月 15 日　广东石化分公司研究决定：王业坚任炼油生产一部（PMT1）副经理（正科级）；董欣任炼油生产二部（PMT2）副经理（副处级）；李涛任炼油生产五部（PMT5）副经理（副处级）；牟方庆任储运生产部（PMT10）副经理（正科级）。【广石化〔2018〕30 号】

10 月 15 日　广东石化分公司研究决定：廉志丹任综合管理部副主任（副处级）；马增路任财务部副主任（副处级）；任志伟任工程管理部副主任（副处级）；陈运庆任信息中心副主任（副处级）；王铁军任炼油生产三部（PMT3）副经理（副处级）；田立军任 PMT12 经理（副处级）。【广石化〔2018〕31 号】

二〇一九年

1 月 8 日　广东石化分公司党委研究决定：马文军同志任商务部党支部书记；岳玉宝同志任实习管理部党支部负责人。免去：于武同志的商务部党支部书记职务；孙弘宇同志的实习管理部党支部书记职务。【广石化党〔2019〕1 号】

1 月 8 日　广东石化分公司研究决定：花小兵任公司副总工程师；马文军任商务部主任；杨丽芳任设计管理部主任；王中文任设计管理部副主任；孙弘宇任企管法规部副主任、对外协调部主任；岳玉宝任实习管理部负责人。免去：于武的商务部主任职务；王中文的设计管理部主任职务；孙弘宇的炼油生产二部（PMT2）副经理、实习管理部主任职务。【广石化〔2019〕3 号】

1 月 20 日—23 日　揭阳市应急管理局在揭阳市组织召开中委广东石化

2000 万吨 / 年重油加工工程项目安全条件审查会。

2 月 18 日　广东石化分公司研究决定，对公司组织机构进行调整完善。成立招投标管理中心。根据公司合规管理要求，为进一步规范公司招投标、市场准入、合同业务的管理，加强对合同业务的法律监督，在企管法规部内增设招投标管理中心，由其负责招投标、市场准入、合同业务的管理，机构规格为正科级。

按照集团公司党组第八巡视组反馈意见和意识形态工作责任制要求，公司需成立专责党委宣传部门。根据工作需要，将企业文化部（党群工作部）更名为企业文化部（党委宣传部），其主要职责不变。【广石化〔2019〕7 号】

2 月 18 日　公司组织表彰仪式，隆重表彰 2018 年全国及集团公司职业技能竞赛获奖选手和优胜单位。陈俊豪总经理等公司领导为刘冰、夏鹿、班作丹等在全国催化裂化装置工、集团公司催化重整装置操作工、集团公司班组长等 3 项赛事中获奖的 7 名选手，以及取得催化重整装置操作工竞赛团体第三名的炼油生产三部和获得优秀教练团队的炼油生产二部进行颁奖。

2 月 20 日　炼油与化工分公司在北京组织召开了“广东石化炼化一体化项目推进会”，会议根据各参会单位的汇报情况，围绕集团公司各次会议对广东石化项目的相关要求及集团公司领导的批示精神，全面梳理了总体设计遗留问题、工艺包引进、长周期设备采购、基础设计编制进度、项目实施策划及进度安排、2019 年工程建设实施等内容，认真分析制约工程进度的关键节点以及目前存在的问题，并对项目实施安排提出了明确要求，同时对广东石化和各设计单位提出的影响项目总体进度的总图布置、界面条件、新增化工及炼油装置工艺包采购、码头问题解决、空分成套设备及工艺包采购、LNG 项目依托、基础设计和 EPC 合同签订、配套铁路、HAZOP 分析和 SIL 分析、数字化交付、基础设计专篇审查方案、详细设计节点计划、投资控制等共 55 项问题进行了充分的讨论，形成会议纪要 36 条。

3 月 3 日　正在北京参加十三届全国人大二次会议的全国人大代表、公司生产准备中心主任王义东接受中国石油报专访。

3 月 19 日　广东石化分公司党委研究决定：曾宪会同志任党委宣传部副部长，主持工作；杨昕同志任党委宣传部副部长。免去：曾宪会同志的党群工作部副主任职务；杨昕同志的党群工作部副主任职务。【广石化党〔2019〕22 号】

3 月 19 日　广东石化分公司研究决定：连传敏任设计管理部副主任；免去其生产准备中心副主任职务。【广石化〔2019〕17 号】

3 月 19 日　广东石化分公司研究决定：刘希民兼任公司总法律顾问。【广石化〔2019〕17 号】

3 月 19 日—22 日　受国家生态环境部委托，生态环境部环境工程评估中心在北京组织召开“中委广东石化 2000 万吨 / 年重油加工工程变更环境影响报告书技术评估会”。

3 月 27 日　集团公司人事部和炼油与化工分公司在北京石油大厦共同组织召开广东石化项目用工调剂对接工作启动会。股份公司副总裁兼炼油与化工分公司总经理杨继钢、人事部副总经理郭向东、炼油与化工分公司高级副总经理兼广东石化分公司总经理陈俊豪、15 家炼化企业有关领导及人事部门负责人，以及集团公司人事部和炼油与化工分公司相关处室负责人参加会议。

4 月 9 日　集团公司规划计划部下发“石油炼化〔2019〕95 号”文件，对广东石化炼化一体化项目总体设计方案给予批复，项目建设突破重要里程碑节点。

4 月 23 日—24 日　集团公司副总经理、安全总监到广东石化分公司调研，并在现场主持召开广东石化炼化一体化项目建设推进会。股份公司副总裁，炼油与化工分公司党委书记、总经理杨继钢随同调研。

5 月 30 日　广东省副省长到项目现场调研，并召开座谈会，详细了解了广东石化项目群进展情况，强调参建各方要合力加快推动广东石化项目群建设。

6 月 3 日　国家生态环境部印发《关于中委广东石化 2000 万吨 / 年重

油加工工程变更环境影响报告书的批复》（环审〔2019〕76号），标志着“2000万吨/年炼油+260万吨/年芳烃+120万吨/年乙烯”广东石化炼化一体化项目环评正式获得批复。

6月4日　揭阳市应急管理局印发《危险化学品建设项目安全条件审查意见书》（揭应急危化项目安条审字〔2019〕2号），标志着广东石化炼化一体化项目安评正式获得批复。

6月18日　炼油与化工分公司在北京组织召开广东石化炼化一体化项目工程建设总体部署审查会，会议一次性审议通过《总体部署》。

6月26日　广东石化分公司党委研究决定：梅新同志任党委组织部常务副部长（正处级）；刘京平同志任党委组织部副部长。免去马文军同志的商务部党支部书记职务。【广石化党〔2019〕45号】

6月26日　广东石化分公司研究决定：崔峥嵘任工程管理部主任；梅新任人力资源部常务副主任（正处级）；刘京平任人力资源部副主任。免去：梅新的工程管理部主任职务；马文军的商务部主任职务。【广石化〔2019〕39号】

6月30日　广东石化炼化一体化项目炼油装置开工仪式在现场举行，这标志着项目现场实质性复工全面启动。

7月9日　广东石化分公司研究决定：文革任炼油生产四部（PMT4）负责人（正科级）。【广石化〔2019〕42号】

9月12日　国家生态环境部网站发布《关于设立江苏盐城滨海港区临时性海洋倾倒区等3个临时性海洋倾倒区的公告》，明确“设立的揭阳前詹南临时性海洋倾倒区，可用于处置广东石化项目码头工程建设产生的约1100万立方米疏浚物”，标志着码头工程疏浚物临时性海洋倾倒区顺利通过国家生态环境部批复。

9月18日　集团公司党组成员、总会计师刘跃珍到公司调研。

11月6日—7日　集团公司党组成员、副总经理到广东石化炼化一体化项目建设现场开展调研，拜会揭阳市委、政府党政主要领导，看望慰问广大干部员工，股份公司副总裁、炼油与化工分公司党委书记、总经理杨继钢随同调研。

11 月 19 日　炼化一体化项目化工区建设用地移交仪式在公司举行。公司党委书记、总经理陈俊豪与大南海石化工业区党委书记、管委会主任陈俊谦签署了《项目用地移交确认书》。

12 月 2 日　根据《中共中国石油天然气集团有限公司党组关于推进纪检监察体制改革的通知》（中油党组〔2019〕133 号）文件精神，经研究，决定将公司审计监察部（纪委办公室）更名为纪委办公室（审计部），其部门职责不变。【广石化〔2019〕65 号】

12 月 2 日　广东石化分公司党委研究决定：禹雷明任审计部主任。【广石化党〔2019〕66 号】

12 月 2 日　广东石化分公司党委研究决定：王立新同志兼任设备管理中心党支部书记；杨昕同志任党委办公室副主任，免去其党委宣传部副部长职务；曾宪会同志任党委宣传部部长；张志远同志任商务部党支部书记，免去其设备管理中心党支部书记职务；崔峥嵘同志任工程 PMT12 党支部书记；许少民同志任工程 PMT12 党支部副书记，免去其党支部书记职务；边兴福同志任炼油生产五部党支部书记，免去其 POX 运行部党支部书记职务；胡军印同志任 POX 运行部党支部书记；顾宗军同志任公用工程部党支部书记，免去其炼油生产五部党支部书记职务；孙弘宇同志任公用工程部党支部副书记。免去：方浴宇同志的公用工程部党支部书记职务；谷学立同志的公用工程部党支部副书记职务。【广石化党〔2019〕70 号】

12 月 13 日　广东石化分公司研究决定：王立新任公司设备副总工程师；马国通任计划控制部副主任；李胜利任化工生产一部（PMT6）副经理；李慧涛任化工生产一部（PMT6）副经理；王超任化工生产二部（PMT7）副经理；汪锋任 POX 运行部（PMT8）副经理。【广石化〔2019〕69 号】

12 月 20 日　广东石化分公司研究决定：王立新兼任设备管理中心主任；杨昕任综合管理部副主任，免去其企业文化部副主任职务；潘德宁任财务部主任；李海林任企管法规部副主任、对外协调部主任；曾宪会任企业文化部主任；张志远任商务部主任，免去其设备管理中心主任职务；许少民任工程管理部常务副主任（正处级）；薛巍任工程管理部副主任；王显来任工程管理部副主任；谷学立任生产准备中心副主任（正处级），免去其公用工程部（PMT9）经理职务；方浴宇任设备管理中心副主任（正处级），免去其公用工程部（PMT9）副经理职务；郭利任炼油生产二部（PMT2）经理；边兴福任炼油生产五部（PMT5）经理，免去其 POX 运行部（PMT8）经理职务；胡军印任 POX 运行部（PMT8）经理；顾宗军任公用工程部（PMT9）经理，免去其炼油生产五部（PMT5）经理职务；孙弘宇任公用工程部（PMT9）常务副经理（正处级），免去其企管法规部副主任、对外协调部主任职务；施荣卫任公用工程部（PMT9）经理助理（正科级）；刘舰任码头运行部（PMT11）经理。【广石化〔2019〕70 号】

12 月 16 日—17 日　股份公司副总裁，炼油与化工分公司总经理、党委书记杨继钢 4 人来公司现场，调研炼化一体化项目建设推进情况，组织召开工程建设调度会研究影响制约项目建设的相关事项，并对下步工作提出要求。

12 月 27 日　广东石化炼化一体化项目化工区开工仪式在项目化工区现场隆重举行，标志着项目建设进入全面开工阶段。

二〇二〇年

1 月 13 日　公司炼化一体化项目加快建设入选中国石油十大新闻。

1 月 18 日　集团公司党组成员、副总经理、安全总监段良伟，炼油与化工分公司副总经理刘军来到广东石化项目建设现场，为建设者送来了亲切的问候，并赠送了慰问金和慰问品。

1 月 19 日　广东石化分公司党委研究决定：免去隋洪君同志的党委办公室主任、综合计划党支部书记职务。【广石化党〔2020〕4 号】

1 月 19 日　广东石化分公司研究决定：免去隋洪君的综合管理部主任职务。【广石化〔2020〕6 号】

2 月 5 日　广东石化分公司研究决定：张学佳任炼油生产三部（PMT3）副经理。【广石化〔2020〕12 号】

2月6日　广东石化分公司党委决定：成立四川、云南、广西、独山子、茂名实习管理部临时党支部，同时撤销实习管理部党支部。【广石化党〔2020〕6号】

2月26日　广东石化分公司党委决定，对基层党组织调整：撤销综合计划党支部、人事财务党支部、纪检党群党支部、设计质量信息党支部、储运码头党支部、芳烃化工党支部等7个联合党支部；新成立综合管理部党支部、计划控制部党支部、人力资源部党支部、财务部党支部、纪委办公室党支部、企业文化部党支部、设计质量党支部、信息中心党支部、企管法规部党支部、储运生产部党支部、码头运行部党支部、炼油生产四部党支部、化工生产一部党支部、化工生产二部党支部等15个党支部。

此次调整后，公司党委共有直属基层党组织31个，其中正式党支部26个：综合管理部党支部、人力资源部党支部、财务部党支部、企管法规部党支部、纪委办公室党支部、企业文化部党支部、计划控制部党支部、商务部党支部、工程PMT12党支部、设计质量党支部、HSE中心党支部、生产准备中心党支部、设备管理中心党支部、信息中心党支部、炼油生产一部党支部、炼油生产二部党支部、炼油生产三部党支部、炼油生产四部党支部、炼油生产五部党支部、化工生产一部党支部、化工生产二部党支部、POX运行部党支部、公用工程部党支部、储运生产部党支部、码头运行部党支部；临时党支部5个：四川实习管理部临时党支部、云南实习管理部临时党支部、广西实习管理部临时党支部、独山子实习管理部临时党支部、茂名实习管理部临时党支部。【广石化党〔2020〕13号】

3月5日　广东石化分公司党委研究决定：郑海涛同志兼任化工生产一部党支部书记；梅新同志任党委办公室主任、综合管理部党支部书记，免去其党委组织部常务副部长职务；王宏伟同志任人力资源部党支部书记；潘德宁同志任财务部党支部书记；汤明华同志任企管法规部党支部书记；禹雷明同志任纪委办公室党支部书记；曾宪会同志任企业文化部党支部书记；李明同志任计划控制部党支部书记；杨丽芳同志任设计质量党支部书记；吕晓阳同志任设计质量党支部副书记；方浴宇同志任设备管理中心党支部副书记；龚辉同志任信息中心党支部书记；文革同志任炼油生产四部党支部负责人；

李胜利同志任化工生产一部党支部副书记；闫成玉同志任化工生产二部党支部书记；何秀云同志任储运生产部党支部书记；刘舰同志任码头运行部党支部书记。因党支部调整、撤销的，相关同志的原党内职务自行解除。【广石化党〔2020〕14号】

3月5日　广东石化分公司研究决定：郑海涛任公司副总工程师，兼任化工生产一部经理；梅新任综合管理部主任，免去其人力资源部常务副主任职务；闫成玉任化工生产二部经理；于现建任化工生产二部副经理。【广石化〔2020〕21号】

3月21日　经研究并商得中共广东省委同意，集团公司党组决定：张维波、瞿宾业同志任广东石化分公司党委委员；免去于江林同志的广东石化分公司党委委员职务，另有任用。【中油党组〔2020〕60号】

3月21日　经研究并商得中共广东省委同意，股份公司决定：张维波、瞿宾业任广东石化分公司副总经理；免去于江林的广东石化分公司副总经理职务。【石油任〔2020〕57号】

3月25日　广东石化项目长输管线龙江改河定向钻穿越工程开工仪式在项目建设现场钻入点举行。

3月30日　揭阳市交通运输局印发《揭阳市交通局关于中委广东石化2000万吨/年重油加工工程项目配套码头工程安全条件审查的批复》，标志着原油码头及产品码头工程安评报告正式获得批复。

4月1日　广东石化分公司党委研究决定：免去王宏伟同志的党委组织部部长、人力资源部党支部书记职务。【广石化党〔2020〕19号】

4月1日　广东石化分公司研究决定：王宏伟任公司总经理助理，免去其人力资源部主任职务；袁立民任商务部副主任；林巍任储运生产部副经理；于卫星任储运生产部副经理；沈立辉任储运生产部副经理；江涛任码头运行部副经理；郭张建祥任炼油生产二部经理助理（正科级）。【广石化〔2020〕26号】

4月29日　广东石化分公司党委研究决定：邹吉武同志任党委组织部部长、人力资源部党支部书记。【广石化党〔2020〕24号】

4月29日　广东石化公司研究决定：邹吉武任人力资源部主任。【广石

化〔2020〕31号】

5月12日 经研究并商得中共广东省委同意，集团公司党组决定：免去于文魁同志的广东石化分公司党委委员职务。【中油党组〔2020〕83号】

5月12日 经研究并商得中共广东省委同意，股份公司决定：免去于文魁的广东石化分公司财务总监督职务。【石油任〔2020〕77号】

6月4日 广东石化分公司党委研究决定：王绪忠同志任党委组织部副部长；李大胜同志任纪委办公室副主任；王自顺同志任HSE中心党支部书记；潘延君同志任设备管理中心党支部副书记；曾飞鹏同志任化工生产一部党支部副书记。免去：邱继丹同志的HSE中心党支部书记职务；王立新同志兼任的设备管理中心党支部书记职务；郑海涛同志兼任的化工生产一部党支部书记职务。【广石化党〔2020〕32号】

6月4日 广东石化分公司研究决定：王绪忠任人力资源部副主任；邱继丹任企管法规部副主任（正处级），免去其HSE中心主任职务；李大胜任审计部副主任；李庆鹏任商务部副主任；王自顺任HSE中心主任；李淑清任HSE中心副主任；王斌任生产准备中心副主任；潘延君任设备管理中心副主任（主持工作）；王业坚任炼油生产一部副经理；赵睿任炼油生产一部副经理；冯勇任炼油生产三部副经理；吴东山任炼油生产四部副经理；曾飞鹏任化工生产一部副经理（主持工作）；任刚任化工生产一部副经理；连传敏任化工生产二部常务副经理；蔡振宇任POX运行部副经理；邹文波任公用工程部副经理；吴少伟任储运生产部副经理；于卫星任码头运行部副经理，免去其储运生产部副经理职务。免去：王立新兼任的设备管理中心主任职务；郑海涛兼任的化工生产一部经理职务。【广石化〔2020〕41号】

6月22日 广东省副省长覃伟中来项目原油码头建设现场、化工区建设现场以及揭阳LNG选址现场和疏港铁路支线选址处进行调研。

7月4日 广东石化分公司研究决定，对炼油生产三部、炼油生产四部管辖装置进行调整。因连续重整是芳烃联合的上游装置，其主要产品作为芳烃联合装置的原料，石脑油加氢装置、氢气回收装置是连续重整的密切关联装置，综合考虑，将炼油生产三部所管辖的2套连续重整装置、石脑油加氢装置、氢气回收装置划入炼油生产四部管辖范围，上述装置配置的人员一并划入炼油生产四部管理。炼油生产三部（PMT3）：主要包括加氢裂化装置、2套柴油加氢裂化装置、航煤加氢装置、焦化石脑油加氢装置以及配套项目；炼油生产四部（PMT4）：主要包括石脑油加氢装置、2套连续重整装置、氢气回收装置、芳烃联合装置以及配套项目。【广石化〔2020〕47号】

7月8日　广东石化分公司研究决定：张元礼任计划控制部主任；文革任炼油生产四部副经理（主持工作），免去其炼油生产四部负责人职务；冯勇任炼油生产四部副经理，免去其炼油生产三部副经理职务；孙亚楠任炼油生产五部副经理；管锴任炼油生产五部副经理；牟方庆任储运生产部副经理；王宏全任化工生产一部经理助理；卫小科任化工生产二部经理助理。免去：李明的计划控制部主任职务；连传敏的设计管理部副主任职务。【广石化〔2020〕51号】

7月9日　广东石化分公司党委研究决定：张元礼同志任计划控制部党支部书记；李明同志任党委巡察组巡察专员，免去其计划控制部党支部书记职务；文革同志任炼油生产四部党支部副书记，免去其炼油生产四部党支部负责人职务。免去：方浴宇同志的设备管理中心党支部副书记职务；李胜利同志的化工生产一部党支部副书记职务。【广石化党〔2020〕39号】

7月21日　广东省委副书记、省长到项目建设现场进行调研，详细了解项目概况和工程建设进度情况，并现场办公，解决火炬区因林地产权问题而影响动工的难题。

8月4日　经研究并商得中共广东省委同意，集团公司党组决定：康志军同志任广东石化分公司党委委员、书记；免去陈俊豪同志的广东石化分公司党委书记、委员职务。【中油党组〔2020〕28号】

8月4日　经研究并商得中共广东省委同意，股份公司决定：康志军任广东石化分公司总经理；免去陈俊豪的广东石化分公司总经理职务。【石油任〔2020〕11号】

9月17日—18日　中国石油2020年500万吨/年炼油企业常减压蒸馏

装置操作工职业技能竞赛在庆阳石化落下帷幕，公司炼油生产一部的闫金库、武生祥、罗宇森 3 名员工沉着应战、发挥稳定，勇夺 3 枚银牌，并夺得团体第三名的优异成绩。

9 月 18 日　中共中央政治局委员、广东省委书记到公司调研，现场查看了项目建设现场，并到大南海石化工业区招商规划展示馆，听取了广东石化分公司党委书记、总经理康志军关于项目简况及建设历程、项目总体进展工作汇报。

11 月 9 日　经集团公司党组 2021 年 10 月 31 日研究，并商得中共广东省委同意，集团公司党组决定：王利中同志任广东石化分公司党委委员。【中油党组〔2020〕98 号】

11 月 9 日　经集团公司党组 2021 年 10 月 31 日研究，并商得中共广东省委同意，股份公司决定：王利中任广东石化分公司总会计师。【石油任〔2020〕60 号】

11 月 16 日　股份公司研究决定：李景耀任广东石化分公司安全总监；免去李锡均的广东石化分公司安全总监职务。【石油任〔2020〕89 号】

出版说明

为充分发挥组织史“资政、存史、育人、交流”的作用，2012年3月，中国石油天然气集团公司（以下简称集团公司）全面启动《中国石油组织史资料》的编纂工作，并明确由集团公司人事部负责具体牵头组织。《中国石油组织史资料》系列图书分总部卷、企业卷、基层卷三个层次进行编纂出版。首次编纂出版以本单位成立时间作为编纂上限，以本单位编纂时统一规定的截止时间为编纂下限。

《中国石油组织史资料》总部卷由集团公司人事部负责组织编纂，石油工业出版社负责具体承办。总部卷（1949—2013）卷本分第一卷、第二卷、第三卷和附卷一、附卷二共五卷九册，于2014年12月出版。2021年，集团公司决定对《中国石油组织史资料（1949—2013）》进行补充与勘误，并在此基础上将编纂时间下限延至2020年12月。《中国石油组织史资料（1949—2020）》卷本分第一卷、第二卷、第三卷、第四卷和附卷一、附卷二共六卷十二册，于2021年6月正式付梓。此后，总部卷每五年续编出版一卷。

《中国石油组织史资料》企业卷系列图书，由各企事业单位人事部门负责牵头组织编纂，报集团公司人力资源部编纂办公室规范性审查后，由石油工业出版社统一出版。企业卷规范性审查由集团公司人力资源部编纂办公室白广田、冀宇飞、于维海负责组织，图书出版统筹由石油工业出版社组织史编辑部马海峰、李廷璐负责，由鲁恒、孙卓凡、李昕航、孟海军具体负责。企业卷首次续编一般按“2014—2015”和“2014—2018”两种方案编纂出版，此后每五年续编出版一卷。

《中国石油组织史资料》基层卷由各企事业单位人事（史志）部门负责组织下属单位与企业卷同步编纂，并报集团公司人力资源部编纂办公室备案，由石油工业出版社组织史编辑部负责提供具体出版和技术支持。

企业卷统一出版代码：

CNPC-YT——油气田企业
CNPC-LH——炼化企业
CNPC-XS——成品油销售企业
CNPC-GD——天然气与管道企业
CNPC-HW——海外企业
CNPC-GC——工程技术企业
CNPC-JS——工程建设企业
CNPC-ZB——装备制造企业
CNPC-KY——科研单位
CNPC-QT——金融经营服务等企业

编纂《中国石油组织史资料》系列图书是集团公司组织人事和基础管理建设工作的大事，是一项政策性、业务性、技术性、规范性很强的业务工作，是一项艰巨浩繁的系统工程。该系列图书以企业的组织沿革为线索，收录了编纂时限内各级党政组织的成立、更名、发展、撤并以及领导干部变动情况等内容，为企业“资政、存史、育人、交流”提供了可信的依据。这套系统、完整的中国石油组织史资料，既丰富了石油企业的历史资料，又增添了国家的工业企业史资料，不仅为组织人事、史志研究、档案管理等部门从事有关业务提供了诸多便利，而且为体制改革和机构调整提供了历史借鉴。在此，谨向对该套图书出版工作给予支持和帮助的所有单位和人员表示衷心的感谢！

由于掌握资料和编纂者水平有限，丛书难免存有错漏，恳请读者批评指正。对总部卷的意见建议请联系集团公司人力资源部编纂办公室或石油工业出版社组织史编辑部；对各单位企业卷、基层卷的意见建议请联系各单位编纂组或组织史资料编辑部。对书中错漏之处我们将统一在下一卷续编时一并修改完善。

中国石油组织史资料编纂办公室联系方式
联系单位：中国石油天然气集团有限公司人力资源部综合处
通信地址：北京市东直门北大街 9 号石油大厦 C1103，100007
联系电话：010-59984340　59984721，传真：010-62095679
电子邮箱：rsbzhc@cnpc.com.cn

中国石油组织史编辑部联系方式
联系单位：石油工业出版社人力资源出版中心
通信地址：北京市朝阳区安华西里三区 18 号楼 201，100011
联系电话：010-64523611　62067197
电子邮箱：cnpczzs@cnpc.com.cn

《中国石油组织史资料》系列图书目录

总部卷			
编号	书名	编号	书名
第一卷	国家部委时期（1949—1988）（上中下）	第四卷	中国石油天然气集团公司—中国石油天然气集团有限公司（2014—2020）（上中下）
第二卷	中国石油天然气总公司（1988—1998）	附卷一	组织人事大事纪要（1949—2020）（上下）
第三卷	中国石油天然气集团公司（1998—2013）（上下）	附卷二	文献资料选编（1949—2020）

续表

企业卷			
编号	书名	编号	书名
油气田企业（16）			
CNPC-YT01	大庆油田组织史资料	CNPC-YT09	青海油田组织史资料
CNPC-YT02	辽河油田组织史资料	CNPC-YT10	华北油田组织史资料
CNPC-YT03	长庆油田组织史资料	CNPC-YT11	吐哈油田组织史资料
CNPC-YT04	塔里木油田组织史资料	CNPC-YT12	冀东油田组织史资料
CNPC-YT05	新疆油田组织史资料	CNPC-YT13	玉门油田组织史资料
CNPC-YT06	西南油气田组织史资料	CNPC-YT14	浙江油田组织史资料
CNPC-YT07	吉林油田组织史资料	CNPC-YT15	煤层气公司组织史资料
CNPC-YT08	大港油田组织史资料	CNPC-YT16	南方石油勘探开发公司组织史资料
炼油化工单位和海外企业（32）			
CNPC-LH01	大庆石化组织史资料	CNPC-LH17	华北石化组织史资料
CNPC-LH02	吉林石化组织史资料	CNPC-LH18	呼和浩特石化组织史资料
CNPC-LH03	抚顺石化组织史资料	CNPC-LH19	辽河石化组织史资料
CNPC-LH04	辽阳石化组织史资料	CNPC-LH20	长庆石化组织史资料
CNPC-LH05	兰州石化组织史资料	CNPC-LH21	克拉玛依石化组织史资料
CNPC-LH06	独山子石化组织史资料	CNPC-LH22	庆阳石化组织史资料
CNPC-LH07	乌鲁木齐石化组织史资料	CNPC-LH23	前郭石化组织史资料
CNPC-LH08	宁夏石化组织史资料	CNPC-LH24	东北化工销售组织史资料
CNPC-LH09	大连石化组织史资料	CNPC-LH25	西北化工销售组织史资料
CNPC-LH10	锦州石化组织史资料	CNPC-LH26	华东化工销售组织史资料
CNPC-LH11	锦西石化组织史资料	CNPC-LH27	华北化工销售组织史资料
CNPC-LH12	大庆炼化组织史资料	CNPC-LH28	华南化工销售组织史资料
CNPC-LH13	哈尔滨石化组织史资料	CNPC-LH29	西南化工销售组织史资料
CNPC-LH14	广西石化组织史资料	CNPC-LH30	大连西太组织史资料
CNPC-LH15	四川石化组织史资料	CNPC-LH31	广东石化组织史资料
CNPC-LH16	大港石化组织史资料	CNPC-HW01	中国石油海外业务卷
成品油销售企业（37）			
CNPC-XS01	东北销售组织史资料	CNPC-XS13	河北销售组织史资料
CNPC-XS02	西北销售组织史资料	CNPC-XS14	山西销售组织史资料
CNPC-XS03	华北销售暨北京销售组织史资料	CNPC-XS15	内蒙古销售组织史资料
CNPC-XS04	上海销售组织史资料	CNPC-XS16	陕西销售组织史资料
CNPC-XS05	湖北销售组织史资料	CNPC-XS17	甘肃销售组织史资料
CNPC-XS06	广东销售组织史资料	CNPC-XS18	青海销售组织史资料
CNPC-XS07	云南销售组织史资料	CNPC-XS19	宁夏销售组织史资料
CNPC-XS08	辽宁销售组织史资料	CNPC-XS20	新疆销售组织史资料
CNPC-XS09	吉林销售组织史资料	CNPC-XS21	重庆销售组织史资料
CNPC-XS10	黑龙江销售组织史资料	CNPC-XS22	四川销售组织史资料
CNPC-XS11	大连销售组织史资料	CNPC-XS23	贵州销售组织史资料
CNPC-XS12	天津销售组织史资料	CNPC-XS24	西藏销售组织史资料

续表

编号	书名	编号	书名
CNPC-XS25	江苏销售组织史资料	CNPC-XS32	湖南销售组织史资料
CNPC-XS26	浙江销售组织史资料	CNPC-XS33	广西销售组织史资料
CNPC-XS27	安徽销售组织史资料	CNPC-XS34	海南销售组织史资料
CNPC-XS28	福建销售组织史资料	CNPC-XS35	润滑油公司组织史资料
CNPC-XS29	江西销售组织史资料	CNPC-XS36	燃料油公司组织史资料
CNPC-XS30	山东销售组织史资料	CNPC-XS37	大连海运组织史资料
CNPC-XS31	河南销售组织史资料		
天然气管道企业（13）			
CNPC-GD01	北京油气调控中心组织史资料	CNPC-GD08	京唐液化天然气公司组织史资料
CNPC-GD02	管道建设项目经理部组织史资料	CNPC-GD09	大连液化天然气公司组织史资料
CNPC-GD03	管道公司组织史资料	CNPC-GD10	江苏液化天然气公司组织史资料
CNPC-GD04	西气东输管道公司组织史资料	CNPC-GD11	华北天然气销售公司组织史资料
CNPC-GD05	北京天然气管道公司组织史资料	CNPC-GD12	昆仑燃气公司组织史资料
CNPC-GD06	西部管道公司组织史资料	CNPC-GD13	昆仑能源公司组织史资料
CNPC-GD07	西南管道公司组织史资料		
工程技术企业（7）			
CNPC-GC01	西部钻探公司组织史资料	CNPC-GC05	东方物探公司组织史资料
CNPC-GC02	长城钻探公司组织史资料	CNPC-GC06	测井公司组织史资料
CNPC-GC03	渤海钻探公司组织史资料	CNPC-GC07	海洋工程公司组织史资料
CNPC-GC04	川庆钻探公司组织史资料		
工程建设企业（8）			
CNPC-JS01	管道局组织史资料	CNPC-JS05	中国昆仑工程公司组织史资料
CNPC-JS02	工程建设公司组织史资料	CNPC-JS06	东北炼化工程公司组织史资料
CNPC-JS03	工程设计公司组织史资料	CNPC-JS07	第一建设公司组织史资料
CNPC-JS04	中国寰球工程公司组织史资料	CNPC-JS08	第七建设公司组织史资料
装备制造和科研企业（12）			
CNPC-ZB01	技术开发公司组织史资料	CNPC-KY02	规划总院组织史资料
CNPC-ZB02	宝鸡石油机械公司组织史资料	CNPC-KY03	石油化工研究院组织史资料
CNPC-ZB03	宝鸡石油钢管公司组织史资料	CNPC-KY04	经济技术研究院组织史资料
CNPC-ZB04	济柴动力总厂组织史资料	CNPC-KY05	钻井工程技术研究院组织史资料
CNPC-ZB05	渤海石油装备公司组织史资料	CNPC-KY06	安全环保技术研究院组织史资料
CNPC-KY01	勘探开发研究院组织史资料	CNPC-KY07	石油管工程技术研究院组织史资料
金融经营服务及其他企业（14）			
CNPC-QT01	北京石油管理干部学院组织史资料	CNPC-QT08	运输公司组织史资料
CNPC-QT02	石油工业出版社组织史资料	CNPC-QT09	中国华油集团公司组织史资料
CNPC-QT03	中国石油报社组织史资料	CNPC-QT10	华油北京服务总公司组织史资料
CNPC-QT04	审计服务中心组织史资料	CNPC-QT11	昆仑信托中油资产组织史资料
CNPC-QT05	广州培训中心组织史资料	CNPC-QT12	中油财务公司组织史资料
CNPC-QT06	国际事业公司组织史资料	CNPC-QT13	昆仑银行组织史资料
CNPC-QT07	物资公司组织史资料	CNPC-QT14	昆仑金融租赁公司组织史资料

中国石油

中国石油

中国石油
SHOP